Ich seh, ich seh,
was Du nicht siehst ...

CONSTANZE HILL

Ich seh, ich seh, was Du nicht siehst …

Aufgeschrieben von
Maria-Christine Leitgeb

ueberreuter

1. Auflage 2018
© Carl Ueberreuter Verlag, Wien 2018
ISBN 978-3-8000-7714-4

Covergestaltung: Saskia Beck, s-stern.com
Text aufgeschrieben von: Maria-Christine Leitgeb
Lektorat: Beate Raidel
Satz: Hannes Strobl, Satz·Grafik·Design, Neunkirchen
Druck und Bindung: Finidr s. r. o.

www.ueberreuter-sachbuch.at

Inhalt

Vorwort

Nach dem ersten Telefongespräch mit Constanze Hill beschleicht mich ein eigenartiges Gefühl. Irgendwie fühle ich mich ertappt. Schlagartig ist mir in den Sinn gekommen, dass meine Gesprächspartnerin am anderen Ende der Leitung nun womöglich bedeutend mehr über mich weiß als ich über sie. Was hat ihr der Klang meiner Stimme alles verraten? Was ihre Färbung oder die Art und Weise, wie ich mich ausdrücke? Ist Constanze empfänglicher als wir für die vielen Zwischentöne und Nuancierungen, die sich ganz ohne unser bewusstes Zutun einstellen und die so viel über uns verraten? Mit Sicherheit. Constanze ist nämlich blind. Sie ist darauf trainiert ihre Umwelt anders wahrzunehmen als wir, die wir uns von optischen Eindrücken leiten – und gelegentlich vielleicht auch täuschen – lassen.

Constanzes Wohnung ist rund drei Gehminuten vom Bahnhof entfernt. Auf mein Läuten hin öffnet sich die Haustüre des modernen Wohnhauses am Rande der Linzer Innenstadt. Schon im Stiegenhaus werde ich von einem großen schwarzen Königspudel, Calimero, wie ich dann erfahre, begrüßt. Schwanzwedelnd läuft er auf mich zu und geleitet mich hinauf in die Wohnung im ersten Stock.

In der Tür steht eine junge Frau. Sie trägt ein schickes schwarzes Kleid, ihr Haar fällt ihr, in zahllose blonde Braids geflochten, über die Schultern. Constanze streckt mir zur Begrüßung die Hand entgegen – ihre rot lackierten Fingernägel fallen mir auf –, ich ergreife und drücke sie, dann bittet sie mich herein. Sie fragt mich, ob ich das Interview lieber in der Küche oder im Wohnzimmer führen möchte – ich entscheide mich für das Wohnzimmer – und dann bietet sie mir Kaffee an. Ich nehme gerne an und folge ihr in die Küche. Mein anfänglicher Impuls, ihr in irgendeiner Weise behilflich zu sein, verfliegt augenblicklich, als ich sehe, mit welcher Selbstverständlichkeit sie nach einer Tasse greift, eine Kapsel in die Maschine steckt und zielsicher auf den richtigen Knopf drückt, um den Kaffee herunterzulassen. Die Sicherheit in ihrem Tun erstaunt mich, sie lässt mich sogar daran zweifeln, dass ich tatsächlich eine blinde Frau vor mir habe.

Das Wohnzimmer ist recht karg eingerichtet: eine große Couch, ein dazugehöriger Tisch, darauf ein MacBook und eine Braillezeile, die, wie mir Constanze später erklären wird, es ihr ermöglicht den Computer auch zu bedienen, gegenüber steht ein Kasten aus hellem Holz. Sämtliche Accessoires fehlen, nichts Überflüssiges nimmt einem hier die Luft zum Atmen. Lediglich ein großer roter Katzenbaum steht vor dem Fenster, den zwei Katzen in Beschlag genommen haben, daneben ist eine Decke ausgebreitet, auf der nun Calimero vor sich hindöst – alles in allem ein Bild des Friedens.

Nach und nach tauche ich ein in eine Welt, die mir fremd ist, jedoch von Anfang an eine große Faszination auf mich ausübt. Hier ist alles anders, als ich es mir in meiner Unwissenheit vorgestellt habe. Als ich von Constanzes Schicksal erfahren habe, habe ich sie bedauert. Blind zu sein hat für mich stets ein großes Unglück bedeutet. Hier gibt es nichts, das auch nur im Entferntesten einen Hauch von Tragik an sich hätte. Ich sitze einer selbstbewussten jungen Frau gegenüber, die allem Anschein nach ihr Leben fest im Griff hat. Wie sie das trotz – oder vielleicht sogar wegen – ihrer Sehbehinderung gemeistert hat, wird sie mir hoffentlich erzählen …

Kindheit, Jugend und Ausbildung

Ich bin als das erste Kind meiner Eltern drei Monate zu früh auf die Welt gekommen. Meine Mutter hatte schon einen zwölfjährigen Sohn, meinen Halbbruder Franz, und zwischen ihm und mir hat sie dann vier andere Kinder verloren, beziehungsweise sind sie knapp nach der Geburt gestorben. Als meine Eltern einander kennenlernten, war meine Mutter – eine hochintelligente und wunderschöne Frau – 28 Jahre alt und mehr als unglücklich verheiratet mit einem Mann, den sie mit knapp einundzwanzig Jahren geheiratet hatte. Sie war damals schwanger von einem Hoteldirektor in St. Wolfgang, daher bestand meine Großmutter darauf, dass sie heiratete, nicht etwa den Hoteldirektor, sondern einen anderen jungen Mann in ihrem Umfeld. Ob die beiden jungen Leute nun tatsächlich ineinander verliebt waren oder nicht, spielte da eigentlich keine Rolle, die Form musste gewahrt werden.

Ich denke, was Liebe bedeutet, hat meine Mutter erst erfahren, als sie meinen Vater kennengelernt hat, der damals selbst gerade einer unglücklichen Ehe entkommen war. In gewisser Weise haben meine Eltern einander wohl als Entwicklungshelfer ihrer bislang brachliegenden oder vielleicht sogar durch die Lebensumstände verhinderten Talente gebraucht. Gemeinsam sind die beiden dann zuerst nach

St. Pölten und schließlich nach Wien gezogen, wo sie, beide Psychotherapeuten, ihre bis heute so ungemein erfolgreiche Firma, *Hill International*, gegründet haben.

Hier kam ich auf die Welt, drei Monate zu früh, wie gesagt. Ich wog knappe zwei Kilo und musste natürlich in den Brutkasten. Die hohe Sauerstoffkonzentration dort, die mein Überleben garantieren sollte, führte zu einer Ablösung der Netzhaut und verursachte meine Blindheit. Ursprünglich war ich also gar nicht blind, vielmehr war das das Ergebnis der Behandlung, die man mir angedeihen hatte lassen. Mitte der Siebzigerjahre wusste man es einfach nicht besser. Heute ist das natürlich anders. Ich bin den Ärzten deshalb jedoch nicht böse. Im Gegenteil. Es mag für Nicht-Blinde unglaublich klingen, aber ich bin ganz sicher, dass ich gerade aufgrund dieses Unvermögens – die Welt auch im Bild wahrnehmen zu können –, zu dem geworden, was ich bin. Ich habe nie mit meiner Blindheit gehadert. Ich kann dabei natürlich nur für mich sprechen, aber ich persönlich sehe, kurz gesagt, einen Vorteil für mich darin, und genau das ist es, was mich bewogen hat, dieses Buch zu schreiben. Ich möchte anderen blinden Menschen Mut machen und ihnen zeigen, dass es möglich ist, auch so ein selbstbestimmtes und vor allem auch ein unabhängiges Leben zu führen.

Als mich meine Eltern schließlich nach Hause bekamen, schöpfte meine Mutter recht bald Verdacht, dass mit mir etwas nicht stimmte. Allein die Tatsache, dass ich den Kopf nie nach einer Geräuschquelle wendete, machte sie stutzig. Heute weiß ich, dass Sehen und Hören eng miteinander verknüpft sind. Erst beide Sinneseindrücke zusammen ergeben ein Ganzes. Wenn der visuelle Sinneseindruck nicht erfolgt, ist es schwer bis unmöglich, das Geräusch überhaupt zuzuordnen. Die Umwelt fühlt sich dann an wie eine Art lärmende Hülle, die in sich beziehungslos bleibt und die Angst macht. Erst wenn der Tastsinn dazukommt, wird sie nach und nach erfahrbar.

Dem besorgten Blick meiner Mutter entging also nicht, dass ich anders war als andere Babys, und sie kam bald schon zu dem Schluss, dass mein vermeintliches Desinteresse an der Umwelt – etwa an dem vielen bunten Kinderspielzeug, das sie über meinem Kinderbett befestigt hatte oder mir zum Spielen reichte – womöglich auf eine verminderte Sehkraft zurückzuführen sei. Sie zog meinen Vater und auch andere Familienmitglieder und Freunde zurate, man tröstete sie jedoch und beschwor sie, sich nicht unnötig zu beunruhigen. Immerhin sei ich um drei Monate zu früh auf die Welt gekommen und hätte ganz bestimmt großen Nachholbedarf, was meine Entwicklung anging. Alles würde mit der Zeit schon gut werden. Sie solle nur ja nichts dramatisieren.

Meine Mutter ließ sich jedoch nicht so leicht beruhigen, sie hatte Verdacht geschöpft. Nach mehreren schlaflosen Nächten ging sie mit mir zu einem Augenarzt und ließ mich untersuchen. Als dieser meine Blindheit feststellte, fuhr sie mit mir in das Spital, in dem ich geboren worden war, und fragte die Ärzte dort, weshalb sie ihr nichts davon gesagt hätten. „Wir wollten Ihnen das Weihnachtsfest" – ich habe im September Geburtstag – „nicht verderben!", war die lapidare Antwort.

Das war natürlich ein harter Schlag für meine Eltern. Aus Erzählungen weiß ich, dass vor allem meine Mutter sehr gelitten hat unter der Tatsache. Sie muss nächtelang geweint haben. Eines Nachts hat sie mein Vater dann an der Hand genommen und zu dem Kinderbettchen, in dem ich friedlich geschlafen habe, geführt und gesagt: „Jetzt schau sie dir doch einmal an! Ist sie jetzt ein anderes Kind als zu dem Zeitpunkt, da du noch nicht gewusst hast, dass sie blind ist?" Ja, ich war ein sehnlichst erwünschtes, ein innigst geliebtes Kind, und ich betrachte das als Grundkapital für ein glückliches Leben.

Von diesem Moment an kämpfte meine Mutter jedenfalls wie eine Löwin für mich. Sie ließ mir alle erdenkliche Förderung angedeihen und hatte sich wohl zum Ziel gesetzt, alles dazu zu tun, um mir ein – so gut es eben ging – unbeschwertes Leben zu ermöglichen. Meine Eltern behandelten mich im Großen und Ganzen wie ein ganz „normales" Kind, sie gaben mir nie das Gefühl, ich sei besonders bemitleidenswert oder bedürfe größerer Aufmerksamkeit oder Rücksichtnahme als andere Kinder. Ich hatte keinen Sonderstatus in der Familie, der mich unentwegt an mein offensichtliches Defizit erinnert hätte. Zumindest ließen mich meine Eltern das nicht merken. Gerade meine Mutter legte großen Wert darauf, dass ich mit all jenen Dingen aufwuchs, die für andere Kinder auch normal waren. Wir sahen zum Beispiel gemeinsam fern. Meine erklärte Lieblingssendung war *Tom und Jerry*. Meine Mutter beschrieb mir Szene für Szene, was da vor sich ging. „Tom rutscht auf einer Banane aus, Jerry bekommt ihn zu fassen …" Sie vollbrachte wahre Meisterleistungen in der Kunst des Beschreibens, trotzdem kam sie nicht immer nach, dazu war die Abfolge der Bilder des Zeichentrickfilms viel zu rasant. Ich konnte mir jedoch all das, was fehlte, all das, was sie nicht so schnell in Worte fassen konnte, vorstellen und hatte sehr viel Spaß dabei.

Auch erdrückten meine Eltern mich nicht mit ihrer Fürsorge. Ich wuchs auf wie andere Kinder, hatte etwa auch Babysitter, und ich denke, dass meine große Eigenständigkeit heute auch darauf zurückzuführen ist. Ich hatte wohl sogar eine weitaus glücklichere Kindheit als so viele andere Kinder, die sehen können, und dafür danke ich meinen Eltern sehr. Sie waren immer für mich da!

Natürlich verlief vor allem meine frühe Entwicklung etwas anders als bei jenen „normalen" Kindern. Ich habe etwa erst im Alter von zwei Jahren zu gehen gelernt. Das lag vor allem daran, dass ich nichts sah, das für mich einen Anreiz dargestellt hätte, mich darauf zuzubewegen. Dafür konnte ich aber bereits mit sechzehn Monaten in ganzen und völlig korrekten Sätzen sprechen.

Meine Mutter war es auch, die schließlich durchsetzte, dass ich in einem Kindergarten aufgenommen wurde, der nicht extra für sehbehinderte Kinder konzipiert worden ist. Ich sollte mich von Anfang an die Welt da draußen gewöhnen und lernen, mich in ihr zu behaupten, und nicht etwa nur in einem geschützten Raum, der mit der wirklichen Welt wenig bis gar nichts zu tun hatte.

Ich denke, es war im Kindergartenalter, als mir zum ersten Mal bewusst wurde, dass ich etwas nicht konnte, was andere Kinder sehr wohl konnten. Sehen war bislang keine Kategorie für mich gewesen, in der ich gedacht hatte – meine Augen sahen einfach nicht –, nun ging mir nach und nach auf, dass man seine Umwelt auch anders wahrnehmen konnte als durch Hören, Tasten und Riechen und dass das auch gewisse Vorteile mit sich brachte, Mobilität zum Beispiel. Viele Spiele konnte ich schlicht nicht mitspielen, wenngleich ich das auch immer wieder versuchte. Ich tobte sogar mit den anderen Kindern herum, ich lief mit ihnen im Garten herum und oft rätselten Eltern von anderen Kindern, die mich noch nicht kannten, welches denn nun eigentlich das blinde Kind sei. An der Verletzungshäufigkeit hätten sie es merken müssen, denn ich lief mit einer ziemlichen Regelmäßigkeit gegen Bäume oder fiel Treppen hinunter. Das nahm ich jedoch in Kauf. Ich war schließlich ein ziemlich lebhaftes Kind. Und ich wollte sein wie die anderen Kinder.

Als neugieriger Mensch habe ich wohl damals schon damit begonnen, Fragen zu stellen. So habe ich nach und nach zumindest eine Vorstellung davon bekommen, was es bedeutete zu sehen, dass es einen Aspekt der Welt gab, der mir für immer verschlossen bleiben würde. Natürlich habe ich das zuerst einmal als schmerzliches Defizit erlebt, im Großen und Ganzen habe ich die Kindergartenzeit jedoch als sehr schön in Erinnerung. Die Kinder sind sehr unbefangen mit meinem Unvermögen zu sehen umgegangen.

Nach dem Kindergarten besuchte ich eine Volksschule im Bundes-Bildungsinstitut für Blinde in Wien. Das war schon alleine deshalb notwendig, weil ich ja etwa die Brailleschrift erlernen musste, und das in normalen Schulen nicht angeboten wurde. Die Blindenschrift heißt übrigens so nach ihrem Erfinder Louis Braille (1809–1852), der nach einer Augenverletzung im Alter von fünf Jahren völlig erblindete. Da er ein Faible für Literatur hatte und diese nicht nur vorgelesen bekommen, sondern selber lesen wollte, erfand der die nach ihm benannte Schrift. Er orientierte sich dabei zum einen an einem Setzkasten, der für die blinde Komponistin und Pianistin Maria Theresia Paradis (1759–1824) entwickelt worden war und mit dem sie etwa auf Tourneen ihre Korrespondenz erledigen konnte, und zum anderen an der sogenannten „Nachtschrift", die Charles Babier

(1767–1841) für militärische Zwecke entworfen hatte und die aus einem komplizierten System von Punkten und Silben bestand.

In der Volkschule lernte ich nun nach und nach all das, was blinde Menschen lernen müssen, um in der Welt bestehen zu können. Der Lehrplan, der dem einer öffentlichen Volksschule ansonsten entspricht, ist hier um blindenspezifische Übungen ergänzt, die das eingeschränkte oder in meinem Fall nicht vorhandene Sehvermögen so gut wie möglich kompensieren sollen. Man erlernt hier Fertigkeiten, die eine weitgehend selbstständige Lebensbewältigung ermöglichen sollen. Der Fokus ist auf die praktischen Dinge gelegt, etwa auf das Führen eines Haushalts. Man lernt hier, zu kochen, zu putzen, Betten zu machen oder auch mit Messer und Gabel zu essen – auch das ist keine Selbstverständlichkeit für blinde Menschen. Das kann man sich als Sehender vielleicht gar nicht vorstellen. Am wenigsten mochte ich das Mobilitätstraining. Ich musste jedoch lernen, mit einem Blindenstock zu gehen. Das war gar nicht leicht, jedoch absolut notwendig, wollte ich mich einmal frei und ohne Begleitung von A nach B bewegen können.

Im Unterschied zum Kindergarten habe ich die Zeit im Blindeninstitut nicht als besonders glücklich in Erinnerung. Lernen an sich machte mir nie große Freude, und die Zeit nach dem Unterricht, die ich dann dort bis fünf Uhr nachmittags Tag für Tag verbringen musste, gehörte zu den einsamsten in meinem Leben. Ich war mit zwei anderen blinden Mädchen dort befreundet, und das half ein wenig, dennoch sehnte ich mich Tag für Tag danach, dass mich meine Mutter abholen kommen würde. Ich denke, das war auch einer der Gründe, weshalb mich meine Eltern danach in einem öffentlichen Gymnasium anmeldeten. Vor allem meine Mutter bestand geradezu darauf, dass ich die Matura machte, und das wäre im Blindeninstitut nicht möglich gewesen. Im Grunde war das das Einzige, was sie je von mir verlangt hatte. „Du kannst hören, riechen und tasten", befand sie, „und mit dem Faktum, dass du nicht sehen kannst, hast du nun umzugehen gelernt. Ich sehe also keinen Grund, weshalb du nicht maturieren solltest wie andere Kinder auch."

So kam es, dass ich als das erste blinde Kind in Österreich ein öffentliches Gymnasium besuchte. Leicht war das nicht für mich, und zwar aus mehreren Gründen: Zuerst einmal galt es, den Schulweg, soweit es ging, zu bewältigen. Sobald ich alt genug dazu war – ich war damals wohl fünfzehn oder sechzehn Jahre alt – ließ mich meine Mutter nämlich alleine gehen. Das gehörte zu ihrem Plan, mir das Gefühl von Normalität zu vermitteln. Andere Kinder schafften das ja auch. Der Weg, den ich zurücklegen musste – vom Universitätsring, der damals noch Dr.-Karl-Lueger-Ring hieß, in den dritten Bezirk –, war für sehende Kinder vielleicht nicht besonders weit, für mich hingegen schon, und anfangs fürchtete ich mich auch. Erst nach und nach kam die

Sicherheit. Ich lernte, auf die Geräusche um mich herum Acht zu geben und mich an ihnen zu orientieren. Die Geräusche der Stadt wurden zu meinen Vertrauten. Sie wiesen mir den Weg. Auch heute ist es noch so, dass ich mich in Städten geborgen fühle. Hier habe ich gelernt mich zu bewegen. Auf dem Land möchte ich niemals leben. Allein der Gedanke an die Stille dort macht mir Angst.

Was die Bewältigung des Lehrstoffes anging, gab es gleich mehrere Probleme. Zum einen konnte ich nicht von der Tafel abschreiben. Wie denn auch? Das war ein Ding der Unmöglichkeit für mich. Zum anderen stellte der Erhalt der Schulbücher in Blindenschrift ein großes Problem dar. Zumeist bekam ich sie erst Monate später als meine Klassenkameraden. Sie mussten erst übersetzt werden. Ich bekam sie so zu spät, als dass ich den Stoff immer zeitgerecht und in dem geforderten Ausmaß hätte bewältigen können. Ich war gewissermaßen immer am Limit, und das stresste mich natürlich enorm. Bald schon befand ich, dass die Schule an sich nicht das war, was ich am allerliebsten machte. Ein Fach machte mir allerdings Spaß: Englisch. Das liebte ich und sprach es auch bald sehr gut. Erst als ich begriff, dass ich all diese Dinge ja für mich und nicht für jemanden anderen lernte, mir also gewissermaßen der Knopf aufging, entwickelte ich einen gewissen Ehrgeiz. Die höhere Mathematik erschloss sich mir nie, auch nach dieser Erkenntnis nicht. Ich kämpfte mich im Großen und Ganzen eher qualvoll von einer Klasse in die nächste. Immerhin kann ich glaubhaft versichern, dass ich niemals abgeschrieben habe. Das fiel weg, denn dazu hätte ich ja sehen können müssen.

Hinzu kam, dass ich mich im Gymnasium anfangs sehr einsam fühlte. Kinder und auch Jugendliche erwarten, dass man auf sie zugeht, und genau das konnte ich nicht. Ich war stets darauf angewiesen, dass sich jemand auf mich zubewegte und mit mir Kontakt aufnahm. An vielen ihrer Beschäftigungen, wie etwa an diversen Spielen, konnte ich nicht teilnehmen, vom Turnunterricht, der ja auch die soziale Kompetenz fördert, war ich befreit, und die Klasse zusammen mit den anderen während der Pause zu verlassen, war für mich auch beinahe ein Ding der Unmöglichkeit. Also saß ich meist alleine an meinem Tisch und hoffte, dass sich jemand zu mir setzte und das Gespräch mit mir suchte. Geschah das, gelang es mir jedoch, denjenigen für mich zu vereinnahmen, schon aufgrund meiner starken Persönlichkeit, denke ich. Nach gar nicht allzu langer Zeit hatte ich dann auch zwei sehr gute, oder wie man so schön sagt, beste Freundinnen. In der fünften Klasse freundete ich mich dann mit einem Mädchen an, mit dem ich über Jahre hinweg geradezu unzertrennlich war. Mit ihr zog ich nach der Matura sogar zusammen. Erst später haben wie einander aus den Augen verloren. Damals unternahmen wir jedoch auch sehr viel Außerschulisches miteinander. Meine Freundinnen kamen mich besuchen, und auch ich durfte immer wieder zu ihnen auf Besuch kommen und auch dort übernachten, wie das junge Mädchen eben gerne machen. Gelegentlich gab es auch wilde Partys, wie das eben so üblich ist in dem Alter. Meine Mutter ließ das weitgehend zu. Sie war definitiv keine Glucke und wollte mir, wie gesagt, von Anfang an so viel Normalität wie möglich vermitteln, mich nicht, wie sie stets betonte, unter Blinden hospitalisieren. Das ist es auch, was ich Eltern von blinden Kindern unbedingt raten würde. Man muss ihnen etwas zutrauen, ihnen Aufgaben stellen, die sie herausfordern, die sie zugleich aber auch bewältigen können. In keinem Fall sollte man ihnen vermitteln, dass sie ein tragisches Los zu tragen haben. Das ist es ja auch nicht.

Während der Pubertät spitzte sich die Situation jedoch dennoch zu. Ich hatte damals schon ein ausgeprägtes Interesse an Beziehungen und Sex generell, und als ich wahrnahm, dass sich meine Freundinnen um mich herum Hals über Kopf verliebten und damit durchaus auch auf ein freudiges Echo stießen, also schlicht ihre ersten diesbezüglichen Erfahrungen machten, bekam ich Angst, aufgrund meiner Sehbehinderung zum Alleinsein verdammt zu sein. Immerhin hatte mir das schon mein Großvater an meiner Wiege prophezeit. „Die bekommt nie einen Mann", hatte er damals weinend festgestellt. Angeblich habe ich ihn daraufhin so strahlend angelächelt – ich war ein sehr freundliches Baby –, dass er sich beruhigte und ihm meine Zukunft ein wenig rosiger erschien. Ich denke, ich habe ihn nicht enttäuscht.

Tag und Nacht zerbrach ich mir damals jedenfalls den Kopf, wie ich doch einen Mann bekommen könnte und wiederum machte ich aus meiner Not gewissermaßen eine Tugend. Ich konnte zwar nicht sehen, hören und vor allem zuhören konnte ich aber sehr wohl, ich war sogar als sehr gute Zuhörerin bekannt. Damals schon. Also beschloss ich, vor allem wenn es zu Beziehungskrisen kam, die Burschen aus meiner Klasse nach dem Grund für die Krise zu befragen. Wüsste ich, was die anderen Mädchen falsch machten, hätte ich selbst einen entscheidenden Vorteil ihnen gegenüber. Ich würde dann alles richtig machen.

Was mir dabei zu Hilfe kam, war mein generelles Interesse an Menschen und ihren Beziehungen. Bald schon weitete ich mein Fragen auch auf die Mädchen aus. Fragen über Fragen stellte ich, das machte mir zum einen großen Spaß, zum anderen war es wohl auch die Grundsteinlegung für meinen Beruf heute. Ich war offenbar immer schon die Instanz, an die man sich wandte, suchte man nach Antworten oder wollte man schlicht sein Herz ausschütten.

Die vielen Gespräche, die ich in Sachen Beziehung führte, ließen mich nach und nach auch Muster erkennen, die sich immer wieder wiederholten, Mantra-artig gewissermaßen. Aus diesen Mustern kristallisierte sich für mich dann jeweils etwas Allgemeingültiges heraus, eine Erkenntnis, die mir blieb und die ich gezielt einsetzen konnte – für andere und auch für mich selbst: Ich war so nicht nur eine begehrte Gesprächspartnerin, der man sich anvertrauen konnte und die mit Rat und Tat zur Seite stand, sondern ich hatte auch bald schon meinen ersten Freund. Ich war damals gerade fünfzehn Jahre alt geworden. Meine Strategie gegen das Alleinsein war also voll und ganz aufgegangen.

Mein erster Freund war sechs Jahre älter als ich und Nigerianer. Verliebt habe ich mich unter anderem in seine melodische Art zu sprechen. Wenn er sprach klang das für mich, als würde er singen. Er wiederum befand, dass ich die schönsten Hände hätte, die er je gesehen hatte. Er wollte wissen, wie sie fühlten. Dass ich blind war, störte ihn nicht nur nicht, ich glaube, dass ihm das sogar den Druck von der Seele nahm, immer perfekt aussehen zu müssen. Zumindest hatte er das einmal gesagt. Mit ihm zusammen durfte ich dann auch ausgehen am Abend. Die üblichen Streitereien, die in der Pubertät quasi Programm sind, gab es dann natürlich auch bei uns zu Hause. Ich wollte viel länger ausbleiben, als das meine Eltern guthießen, und so weiter. Ich glaube, das ist bei blinden Jugendlichen auch nicht anders als bei sehenden. Ich kann mir vorstellen, dass meine Eltern beruhigt waren, dass ich zumindest nicht alleine unterwegs war, vielleicht beruhigte sie ja auch, dass mein Freund deutlich älter – erwachsener – war als ich.

Als Menschen sind wir ganz generell defizitäre Wesen, unabhängig davon, ob wir blind sind oder nicht. In gewisser Weise ist das Scheitern bis zu einem gewissen Grad jedem

24

Menschenleben inhärent. Was läuft schon perfekt? Ich glaube, dass die große Kunst darin besteht, seine Defizite, so gut es geht, zu kompensieren. Die Tatsache, dass ich nicht sehen kann und die damit verbundene Angst vor Vereinsamung hat mich zu einer exzellenten Zuhörerin gemacht. Das war der Grundstein für meine berufliche Orientierung. Ich habe aus jedem Gespräch gelernt – Menschliches, um nicht zu sagen allzu Menschliches. Nach meiner Matura inskribierte ich so Psychologie an der Uni Wien. Nicht, dass meine Eltern diesen Beruf ausübten, war der Motor dafür, sondern vielmehr mein ureigenes Interesse an Menschen und ihren Beziehungen zueinander, das wiederum eine Folge meiner Erfahrungen während der Gymnasialzeit war.

Natürlich wollte ich nun, da ich achtzehn Jahre alt war, leben wie andere Studierende auch. Dazu gehörte unter anderem auch eine eigene Wohnung. Ich wollte mit einem Wort von zu Hause ausziehen. Meine Eltern, die rückblickend wirklich so gut wie alles richtig gemacht haben, hatten nichts dagegen einzuwenden. Natürlich gab es auch Tränen. Meine Mutter wollte nicht wahrhaben, dass „ihr Baby" schon so groß war und tatsächliche ausziehen wollte. Ich denke aber, dass sich das in anderen Familien mit sehenden Kindern genauso verhält. Irgendwann – besser früher als später – müssen Eltern eben auch zu akzeptieren lernen, dass ihre Kinder keine Kinder mehr sind und ihr eigenes Leben beginnen wollen, ob ihnen das nun schwerfällt oder nicht.

Meine Eltern, auch meine Mutter, sahen das ein und stellten mir eine Wohnung in einem Haus, das meinem Vater gehörte, zur Verfügung. Sie wussten, dass ich das schaffen würde, immerhin hatten sie mich dazu erzogen. Die Urlaube allein mit meinem älteren Bruder in Italien, die Übernachtungen bei meinen Freundinnen während meiner Schulzeit, all das waren Schritte in Richtung Eigenständigkeit gewesen, die sie ganz bewusst gesetzt hatten und die nun Früchte tragen sollten – und das taten sie auch. Damit ich anfangs nicht ganz alleine wäre, boten sie meiner besten Freundin, mit der ich seit der fünften Klasse des Gymnasiums sehr eng war, an, die Wohnung mit mir zu teilen. Sie musste keine Miete zahlen, dafür aber die praktischen Dinge wie etwa den Haushalt übernehmen. Sie putzte und kochte also, wohnte dafür aber umsonst.

Für mich war das Ausziehen von zu Hause natürlich eine ganz wichtige Erfahrung. Man muss lernen, auf eigenen Beinen zu stehen, sehbehindert oder nicht, und ich werde das auch bei meinen eigenen Kindern unterstützen.

Ich inskribierte nun also Psychologie an der Uni Wien, belegte zugleich einen Lehrgang an der Sozialakademie und machte ein psychotherapeutisches Propädeutikum. Auch begann ich damals schon nebenbei, bei *Hill International*, der Firma meiner Eltern, zu arbeiten. Das Studium gestaltete sich jedoch schwieriger, als ich gedacht hatte, schon weil es an der Uni Wien damals keine blindengerechten Studienplätze gab. Es war fast nicht oder nur schwer möglich, an entsprechende Unterlagen zu kommen. In Brailleschrift gab es die meisten Bücher nicht, und die Möglichkeit, das Unterrichtsmaterial auf dem Computer zugänglich zu machen, war damals in den frühen Neunzigerjahren noch nicht angedacht oder nur rudimentär umgesetzt worden. Die Statistikprüfungen waren so für mich kaum zu bewältigen, zudem waren die Hörsäle riesig und überfüllt, Anschluss fand ich auch keinen. Alles in allem fühlte ich mich also ziemlich verloren auf der Uni und entschied mich schließlich schweren Herzens dazu, das Studium abzubrechen. In Wien, stellte ich bedauernd fest, war es für Blinde einfach nicht möglich Psychologie zu studieren. Damit musste ich mich abfinden. Dass das etwa in Marburg ganz anders aussah, erfuhr ich dann viel später – zu spät – von meinem zweiten Ex-Mann, der, selbst auch blind, dort Psychologie studiert hatte.

Natürlich war ich sehr enttäuscht, als sich mein dezidiertes Ziel, in einer lebensberatenden Funktion tätig zu werden, so in Luft aufzulösen schien. Das war es schließlich, was ich immer schon hatte machen wollen, und ich wusste auch, dass ich gut darin war. Ich hatte schon verhältnismäßig früh eine Entscheidung getroffen, von der ich sicher war, dass sie die richtige war, und ich würde nun auch einen Weg finden, sie umzusetzen. Das nahm ich mir ganz fest vor.

Wo ein Wille ist, ist auch ein Weg! Nach einer kurzen Bedenkzeit begann ich die Ausbildung zur Lebens- und Sozialberaterin mit dem Schwerpunkt auf Liebe und Sexualität unter der Leitung von Rotraud Perner, die auf dem Gebiet beispielhaft war und ist. Als namhafte österreichische Psychotherapeutin und Psychoanalytikerin hat sie bereits im Jahr 1975 eine Familienberatungs- und zwei Sexualberatungsstellen und im Jahr 1990 gemeinsam mit Elfriede Abt den Verein „Die Möwe" für physisch, psychisch und sexuell missbrauchte Kinder gegründet. An die fünfzig Fachbücher hat sie zu den Themen psychische Gesundheit, Gewaltprävention und Sexualität veröffentlicht, zudem gibt sie ihr Wissen auch als Trainerin, Coach und Seminarleiterin weiter. Sie hatte nie ein Problem mit meiner Blindheit und bildete mich gerne aus. So besuchte ich ihren Lehrgang zur Sexualberaterin. Im Anschluss daran schloss ich auch noch andere fachspezifische Zusatzausbildungen ab. In Wahrheit wurde ich so auf diesem Weg viel schneller und effizienter zu dem, was ich immer schon werden wollte.

Interview mit Franz Hill, Constanzes Bruder

„Sie sind zwölf Jahre älter als Constanze. Wann und wie haben Sie erfahren, dass ihre Schwester blind ist.

„Bald nach ihrer Geburt wahrscheinlich. Im Grunde war das jedoch nicht besonders spektakulär für mich. Das lag unter anderem daran, dass Constanzes Vater, mein Stiefvater, doch noch über einen gewissen Zeitraum daran festhielt, dass meine Schwester sehen würde können. Er wollte es wohl lange nicht wahrhaben. Meine Mutter war da vielleicht etwas realistischer als er, beziehungsweise hat sie früher erkannt, dass da mit Constanze etwas nicht stimmte. Insgesamt wurde die Vermutung darüber erst nach und nach zur Gewissheit. Sie kam nicht gänzlich unerwartet und löste damit auch keinen allzu großen Schock mehr aus. Für mich zumindest nicht.

Wie war es für sie als Bruder, eine kleine blinde Schwester zu haben? Haben Sie das je als Belastung empfunden?"

„Constanze ist blind. Das ist ein Faktum. Sie kann jedoch so viele andere Dinge, sodass ich nie den Eindruck hatte, sie sei behindert in irgendeiner Weise, schon damals nicht, als wir noch beide Kinder waren, beziehungsweise sie ein Kind und ich ein Jugendlicher war. Sie war für mich, wenn man davon absieht, dass sie blind ist, ein ganz normales Kind."

„Haben sie viel Zeit mit Constanze verbracht? Sie sind ja doch um einiges älter."

„Ja, sehr viel Zeit sogar, gerade weil ich um so viel älter bin. Ich habe sehr viel auf meine Schwester aufgepasst, war gewissermaßen ihr Babysitter, als sie noch klein war, da unsere Eltern damals gerade ihre Ausbildungen fertig machten und nicht immer verfügbar waren. Ich war also von Anfang an eine wichtige Bezugsperson für Constanze und ich denke, dass ich das heute noch bin. Ich habe sie, als ich 18 Jahre alt war, auch zum ersten Mal auf Urlaub nach Italien mitgenommen. Constanze war damals gerade sechs Jahre alt. Vielleicht im Unterschied zu anderen sehenden Kindern hat Constanze sehr viel gefragt. Sie hat mich in Wahrheit gelöchert mit ihren Fragen, sicher weil sie zum einen von Natur aus neugierig ist, zum anderen wahrscheinlich aber auch, weil sie eben nicht sehen kann. Es war für sie nicht so leicht, einfach am Strand zu spielen, also wollte sie von mir dies und das erklärt haben. Sie hat dann auch nicht nur zweimal nachgefragt, sondern gefühlte zwanzigmal."

„Konnten Sie sie gelegentlich auch über gewisse Dinge hinwegtäuschen?"

„Das kam selten vor, zudem war es beinahe ein Ding der Unmöglichkeit, weil Constanze auf ihre Art mehr wahrnahm, als man für möglich hielt. Saß ich etwa neben ihr und aß eine Banane, behauptete aber, es seien Erdbeeren, etwa, weil ich ihr nichts von der Banane abgeben wollte, wusste sie das. Es hat einfach nicht funktioniert. Dazu waren ihr Geruchssinn und ihr Gehör viel zu gut geschult."

„Wie würden Sie ihre Schwester beschreiben?"

„Ich muss sagen, ich habe Constanze von Anfang an bewundert. Und wenn ich sage, dass sie für mich nicht den Eindruck einer Behinderten erweckt, meine ich das auch so. Constanze konnte schon als Kind viele Dinge, die wahrscheinlich nicht einmal sehende Kinder ohne Weiteres bewerkstelligt hätten. Was ich bis heute bewundere, sind ihre Zielorientiertheit und ihre Konsequenz, mit der sie scheinbar Unmögliches möglich werden lässt. Wenn sie etwas will, dann setzt sie es auch durch, etwa ihre Radiokarriere."

„Sie hatten von Anfang an eine Art Beschützerrolle für Constanze. Ist das so geblieben?"

„Ich habe zwar oft auf Constanze aufgepasst, hatte aber nie das Gefühl, sie besonders oder mehr als andere Kinder beschützen zu müssen. Sie war von Anfang an sehr eigenständig, ist dann mit 18 Jahren auch von zu Hause ausgezogen und dann nach Hamburg, weil sie dort bei einem Radiosender gearbeitet hat. Damals machte ich mir tatsächlich Sorgen um sie, nicht weil sie alleine in einer großen fremden

Stadt wohnte – dass sie das schaffen würde, wusste ich –, sondern weil ich das Gefühl hatte, dass sie dort nicht besonders glücklich war. Also besuchte ich sie dort zusammen mit meiner Frau. Das war ein denkwürdiges Erlebnis, das aber auch viel über meine Schwester aussagt. Sie wohnte dort in einer Wohnung, in der es keine einzige Glühbirne gab. Ihr machte das naturgemäß nichts aus, uns hingegen schon. Wir kamen ca. um 18 Uhr an, da es Dezember war, war es auch schon dunkel, und wir fanden uns überhaupt nicht zurecht in der Wohnung. Wir machten dann schließlich die Kühlschranktür auf, um zumindest etwas Licht zu haben und uns orientieren zu können. Es gibt also tatsächlich auch einige Bereiche, in denen uns Constanze weit überlegen ist. Wir nahmen sie dann übrigens wieder mit nach Österreich."

„Hatten Sie je Mitleid mit Constanze, weil sie blind ist?"

„Es klingt vielleicht unglaubwürdig, aber ich habe nie Mitleid mit Constanze aufgrund ihres fehlenden Sehsinns empfunden. Dieses Gefühl hat sie nie in mir ausgelöst. Im Gegenteil. Sie ist nicht jemand, der mit seinem Schicksal hadert, sondern sie hatte vielmehr immer alles fest im Griff, etwa auch die Erziehung ihrer beiden Kinder – von außen betrachtet, beinahe ein Ding der Unmöglichkeit, wenn man blind ist. Meine Schwester hat sich natürlich über die Jahre hinweg auch ein funktionierendes Netzwerk aufgebaut. Sie hat viele Freunde und Bekannte, an die sie all diejenigen Dinge delegiert, die sie nicht kann oder auch nicht machen will. Sie ist ja ein sehr kontaktfreudiger Mensch, und ich denke, dass sie ihr Leben wirklich genießt.

„Was sind das für Dinge, die Constanze so besonders gut oder vielleicht sogar besser als sehende Menschen kann?"

„Meine Schwester hat etwa ein ausgeprägtes Gedächtnis, übrigens auch ein musikalisches. Sie kann sich ganz leicht Melodien und die dazugehörigen Texte merken. Egal, wie schlecht man ihr etwas vorsummt, sie erkennt das Lied und liefert den Text dazu. Dann hat sie natürlich eine sehr feine Nase. Man kann ihr, wie gesagt, eine Erdbeere nicht für eine Banane verkaufen, auch auf größere Distanz hin. Ich bin fast sicher, dass sie es auch mitbekommt, wenn man gestikuliert oder gelegentlich auch ein Gesicht zieht. Wie sie das macht, weiß ich nicht.

Im Grunde überrascht mich Constanze, seit sie auf der Welt ist, immer wieder, auch heute noch. Ich finde es zum Beispiel großartig, dass sie als Tony Robbins-Coach angestellt worden ist. Das ist eine große Auszeichnung, weil es davon nur wenige weltweit gibt. Ich denke die Zahl jener Coaches beläuft sich auf einen dreistelligen Bereich weltweit.

Ich bin sehr stolz auf meine Schwester und darauf, wie sie ihr Leben meistert. Wer schafft es schon, Familie und drei Jobs unter einen Hut zu bringen? Ich bin sicher, dass sie da auch für sehende Menschen durchaus beispielgebend ist und als ein Vorbild gelten kann.

Beziehungen über Beziehungen

Mein Leben dreht sich um Beziehungen und Liebe. Ich habe die Liebe gewissermaßen zu meinem Beruf gemacht, beherrsche das Thema theoretisch in all seinen Spielarten und hatte da auch in praktischer Hinsicht selbst immer großes Glück. Seit meinem fünfzehnten Lebensjahr war es nie ein Problem für mich, ganz tolle Männer für mich zu gewinnen. Vielleicht liegt das auch daran, dass Männer in meiner Gesellschaft entspannter sind. Immerhin müssen sie auch in kein optisches Schema passen, das gibt Selbstvertrauen und minimiert Stress.

In Wahrheit war ich seit meinem fünfzehnten Lebensjahr nie mehr Single, sieht man von einem einzigen Jahr ab, das ich mir selbst als solches auferlegt hatte. Damals brauchte ich einfach Zeit für mich alleine.

Ich war insgesamt zweimal verheiratet und habe mich zweimal scheiden lassen. Das bedeute jedoch nicht, dass ich meine Ehen als gescheitert betrachten würde, schon weil so großartige Kinder aus ihnen hervorgegangen sind. Ich finde aber auch, dass man sich, wenn man an ein Ende gekommen ist, auch wieder trennen darf, gerade heutzutage. Menschen entwickeln sich, und wenn Entwicklungen gegenläufig sind und man einander nicht mehr unterstützen kann, sondern einander vielmehr behindert, kann man meiner Meinung nach auch einen Schlussstrich ziehen. Das bedeutet nicht, dass man die Flinte ins Korn wirft, sondern vielmehr, dass man offen für Neues ist. Das Leben geht schließlich weiter. Wohin, weiß keiner von uns.

Ich denke, dass es in einer Liebesbeziehung ein paar Konstanten geben muss, die stimmen müssen. Die gegenseitige Wertschätzung etwa oder das intellektuelle Niveau. Für mich sind auch Leidenschaftlichkeit und Sexualität ein großes Thema. Zudem muss das Nähe-Distanz-Bedürfnis übereinstimmen und natürlich auch die Lebensplanung. Wenn etwa der eine Kinder will, der andere aber dezidiert nicht, gibt es ein Problem. Diese Dinge erachte ich für sehr wichtig für eine geglückte Beziehung. Mit Details wie Alter oder Aussehen halte ich mich gar nicht auf.

Auch heute befinde ich mich in einer sehr erfüllenden Liebesbeziehung. Sollte diese einmal zu Ende gehen, werde ich – und das weiß ich ganz sicher – auch dann wieder jemanden finden.

Mein Geheimnis? Wahrscheinlich kann ich Männern aufgrund meiner Erfahrungen vermitteln, dass man mit mir eine wunderbare, unbeschwerte Zeit verbringen kann. Vielleicht bin ich auch in vieler Hinsicht unkomplizierter als sehende Frauen. Ich lege großen Wert auf mein Äußeres, aber ich betreibe keinen Kult damit. Das heißt, ich brauche auch nicht zwei Schrankkoffer voller Kleider, wenn ich für ein paar Tage verreise. Make-up verwende ich gar nicht, somit belege ich auch das Bad nicht Morgen für Morgen für gefühlte Ewigkeiten.

Hinzukommt, dass ich natürlich aufgrund meiner beruflichen Expertise, den einen oder anderen Fehler vermeiden kann. Vielleicht hat es ja bis zu einem gewissen Grad auch mit meinem Blindsein zu tun. Das fängt schon bei der Wahl meiner Garderobe an. Da ich selbst nicht sehen kann, und daher modische Aspekte wie Farben oder Stile nicht beurteilen kann, muss ich mich notgedrungen auf das Urteil meines Partners verlassen. Wenn ihm etwas gefällt, wenn er befindet, dass mir etwas gut steht, kaufe und trage ich es. Ich verstehe Frauen nicht, die da stets ihren eigenen Willen durchsetzen müssen, auch gegen den expliziten Wunsch ihres Partners. Das kann ich überhaupt nicht nachvollziehen. Womöglich habe ich es da aber auch leichter als sie. Ich jedenfalls liebe es, meinem Partner zu gefallen. Überhaupt macht es mir große Freude, ihn zu verwöhnen, all das zu machen, von dem ich spüre, dass es ihn glücklich macht. Ich bin ganz generell eine sexpositive Feministin, der es ein Bedürfnis ist, wenn sie liebt, die Wünsche ihres Mannes voneanzustellen. Natürlich äußere ich auch meine, wirklich glücklich bin ich allerdings nur mit einem intelligenten Mann, der ganz klar weiß und sagt, was er will.

Vor allem aber fokussiere ich bei der Auswahl meiner Partner mit Sicherheit anders als viele sehende Frauen. Ich lasse mich nämlich von optischen Eindrücken weder ablenken noch täuschen, sondern kann mich von Anfang an auf wirklich wesentliche Dinge konzentrieren, auf die Herzensbildung etwa oder die Intelligenz. Ganz wichtig ist für mich auch, ob mein prospektiver Partner kreativ ist.

Ein Auswahlkriterium stellt für mich jeweils auch die Stimme dar. Die Stimme verrät so viel über einen Menschen, die Art, wie er spricht, wie er intoniert … Es macht einen Unterschied, ob jemand laut oder leise, ob er schnell oder langsam, ob er im Dialekt oder Hochdeutsch spricht, ob er sich gewählt ausdrückt und Fremdworte im Repertoire hat oder nicht. All das zeigt mir viel über seinen Charakter und insgesamt über die Person, die mir da gegenübersitzt. Vielleicht sind es gar nicht die einzelnen Komponenten, die ich da aufgezählt habe, sondern der Gesamteindruck, der sich aus ihnen ergibt.

Das lateinische Wort *personare* bedeutet übrigens *ertönen, erklingen* oder auch *durchtönen*. Offenbar ist es also eine alte Weisheit, dass der Klang einer Stimme sehr individuell und charakteristisch für einen Menschen, eine *Person*, ist. Der Klang der Stimme macht ihn unterscheidbar, ja einzigartig. Es gibt keine zwei Stimmen, die gleich sind, und da sich die Art und Weise, wie jemand spricht, oft spontan und unbewusst vollzieht, beziehungsweise nicht immer bewusst gesteuert wird, verrät sie mir mehr über mein Gegenüber, als ihm oft lieb ist. Ich bin nicht leicht zu täuschen, weil mich optische Anreize nicht vom

Wesentlichen ablenken. Das empfinde ich als immensen Vorteil.

Zusätzlich zu der Stimme ist es dann auch die Art und Weise, wie sich jemand bewegt oder atmet – auch das ist hörbar –, aus der ich viele Eigenheiten meines Gegenübers ableiten kann. Ich weiß mit ziemlicher Sicherheit, ob jemand sportlich oder eher behäbig und ungeschickt ist, und ich täusche mich auch nur sehr selten, was das Alter oder den Körperumfang eines Menschen angeht. Wenn jemand zum Beispiel stark übergewichtig ist, atmet er ganz anders als Normalgewichtige – er atmet viel schwerer –, zudem ist auch seine Art zu gehen eine andere. Er ist im wahrsten Sinn des Wortes nicht gerade *leichtfüßig*.

Eine Sinneswahrnehmung, die von sehenden Menschen zumeist unterschätzt wird, schon weil sie nicht bewusst steuerbar ist, ist diejenige die über den Geruchssinn erfolgt. Dennoch sollen Menschen angeblich eine Billion verschiedene Mischungen von Riechstoffen voneinander unterscheiden können. Der Geruchssinn ist eng mit dem Gedächtnis verbunden, verliert man ihn, bedeutet das eine signifikante Einschränkung des Erinnerungsvermögens.

In Literatur gegossen hat das unter anderem Marcel Proust: Seine *Suche nach der verlorenen Zeit* nimmt ihren Anfang mit einer sogenannten Madeleine, einer Art Keks, die er von seiner Mutter serviert bekommt und in eine Tasse Tee taucht. Das Geschmacks- und das Geruchserlebnis versetzt ihn unmittelbar zurück in die Zeiten seiner Kindheit, von der er nun zu erzählen beginnt. Die *Suche nach der verlorenen Zeit* ist ein Erinnerungsroman, dessen Auslöser ein Geruchserlebnis ist.

Wenn man nun wie ich um eine Sinneswahrnehmung reduziert ist, konzentriert man sich automatisch mehr auf die anderen verbleibenden. Ich denke, dass ich eine besonders feine Nase habe, auch für Menschen. Ich kann sie riechen oder eben auch nicht riechen. So sagt man doch sogar. Die Sprache ist verräterischer als es uns oft lieb ist. Man muss nur genau hinhören. Auch die Partnerwahl wird so in ganz erheblicher Weise vom Geruchssinn gesteuert, und zwar nicht nur bei Blinden. Irgendwo habe ich aufgeschnappt, dass es schwierig bis unmöglich ist, sich zu verlieben, wenn man seinen Geruchssinn verliert. Auch so gesehen, kann ich mich sehr glücklich schätzen.

Der Großteil der Kommunikation zwischen Menschen läuft ja angeblich über nonverbale Kanäle ab. Ich habe irgendwo gelesen, dass es sich dabei sogar um rund achtzig Prozent handeln soll. Es wäre fälschlich zu glauben, dass es dabei lediglich um sichtbare Ausdrucksformen wie Mimik oder Gestik geht. Genauso verräterisch sind nonverbale Signale, die etwa über die Modulation der Stimme, über die Haptik oder die olfaktorischen Eindrücke erfolgen. Wenn man wie ich nicht sehen kann, hat man im Normalfall zum Ausgleich besonders gut entwickelte andere Sinne, mit denen man das Manko kompensieren kann. Ich würde fast behaupten, dass der Gesamteindruck, den man von seinem Gegenüber bekommen kann, beinahe derselbe ist. Man kann zum Beispiel riechen – und es ist eine wahre Vielfalt an Gerüchen, die Menschen mit in einen Raum bringen –, ob die Person, die einem gegenübersitzt, geschminkt oder parfümiert ist, ob sie nach Schweiß oder Alkohol riecht. Auch die Distanz, die jemand während eines Gesprächs zu mir einnimmt, sagt viel über die Person selbst und ihre Einstellung mir gegenüber aus. Es macht eben einen Unterschied, ob mich ein Gesprächspartner berührt, indem er mir etwa die Hand vertrauensvoll auf den Arm legt, oder Distanz zu mir wahrt. Da viele dieser nonverbalen Signale nicht bewusst vollzogen werden, schon weil sie für sehende Menschen nicht so sehr ins Gewicht fallen, meine ich, einen – wie ihr sagt – *guten Blick* für Menschen und auch für mögliche Partner zu haben. Man macht mir nicht so leicht etwas vor.

Meine drei wichtigsten Lebenspartner, die Väter meiner beiden Kinder und meinen jetzigen Partner, habe ich übrigens über das Internet kennengelernt. Gerade für blinde Menschen bieten solche einen enormen Vorteil, weil der erste Kontakt über die Sprache, in diesem Fall die geschriebene Sprache, zustande kommt.

Die Sprache ist mein wichtigstes Ausdrucksmedium, und auch ich lerne viel über Menschen, wenn ich ihre Texte lese, respektive höre. Sie sprechen mich an – oder eben auch nicht. Die Art des Schreibens, die Ausdrucksweise, die

Formulierungen, die verwendet werden, und das Spektrum, das sie an Themen abdecken, sagen viel über jemanden aus, über seinen Bildungsstand etwa.

Vielleicht tendiere ich insgesamt mehr dazu, mich in den Geist, den Intellekt eines Menschen zu verlieben. In jedem Fall kann ich über Geschriebenes schnell feststellen, ob es Gemeinsamkeiten gibt oder nicht. Ob der jeweilige Partner dann blond, braun- oder schwarzhaarig ist, oder vielleicht gar keine Haare mehr hat, spielt dann keine Rolle mehr, und in Wahrheit sollte das bei sehenden Menschen auch keine spielen.

Nur einer dieser drei Lebensmänner, der Vater meiner Tochter, ist übrigens selbst auch blind. Die anderen beiden können sehen.

Michael Freiherr, Constanzes Lebenspartner, über Constanze Hill

Zum ersten Mal erfuhr ich von Constanze via Radio. Während einer langen nächtlichen Autofahrt von Wien nach Innsbruck suchte ich nach einem geeigneten Radioprogramm um mir auf der Fahrt ein wenig die Zeit zu vertreiben. Irgendwann, während ich so suchte, stieß ich auf Constanzes Talkshow und war begeistert von ihrer schönen Stimme. Bald schon nachdem ich zu Hause war, suchte ich nach Constanze im Internet, fand sie auch prompt und schrieb sie dann an. So kamen wir in Kontakt miteinander. Bald tauschten wir auch Telefonnummern aus und telefonierten dann auch des Öfteren miteinander. Das erste Mal trafen wir einander dann in Salzburg, auf dem halben Weg zwischen Innsbruck und Linz. Wir hatten uns zu einem Kaffee direkt auf dem Bahnhof verabredet. Von da an sahen wir einander regelmäßig. Ich wusste natürlich von Anfang an, dass sie blind war.

Ja, Constanze Hill ist blind, aber sie ist nicht behindert. Im Gegenteil. Ich kenne kaum einen Menschen, der ähnlich fokussiert, konzentriert und präzise im Denken ist wie sie. Und schon gar niemanden, der auch nur annähernd so selbstbestimmt und energetisch ist wie sie. Zugleich ist sie ein sehr mitfühlender Mensch und ich bin ganz sicher, dass das eine recht seltene Kombination ist.

Constanze meistert ihre Rolle als Mutter genauso souverän wie ihre drei Jobs. Ich versuche, mich gelegentlich in ihre Lage zu versetzen, und verbinde mir die Augen. Obwohl ich meine Wohnung gut kenne, gelingt es mir so kaum, mich darin zurechtzufinden, geschweige denn all das zu erledigen, was ansteht. Es ist mir nach wie vor ein Rätsel, mit welcher Leichtigkeit sie das alles fertigbringt. Bei all dem ist nichts von einer Behinderung zu bemerken. Sie hat gelernt, die angeborene Schwäche zu kompensieren.

Als Partner eines blinden Menschen tendiert man anfangs dazu, in die Rolle eines Beschützers zu schlüpfen. Den Fehler habe ich bei Constanze auch gemacht, bis sie mich nach und nach – und mit Nachdruck – eines Besseren belehrt hat. Sie hat mich nachhaltig davon überzeugt, dass sie keinen Beschützer braucht. Natürlich nehme ich ihr den einen oder anderen Handgriff im täglichen Leben ab, jedoch nicht, weil sie dessen bedürfte, sondern weil es dann manchmal ein wenig schneller geht und ich ein von Natur aus ungeduldiger Mensch bin. Hilfebedürftig ist Constanze in keiner Weise. Man begreift als ihr Partner sehr schnell, dass man mit ihr einen sehr selbstbestimmten Menschen vor sich hat, den es stört, wenn man ihm alles aus der Hand nimmt und ihn bevormundet. Ich habe sehr schnell herausgefunden, wo ich helfend eingreifen kann, um Vorgänge etwa zu beschleunigen, ohne Constanze jedoch das Gefühl zu vermitteln, dass sie deshalb eines Beschützers bedürfte. Ich denke, dass das in jeder anderen Partnerschaft ganz ähnlich verläuft, also auch unter sehenden Menschen, das heißt, dass es wohl generell so ist, dass der eine dem anderen ganz automatisch abnimmt, was er jeweils besser kann. Das halte ich für den Normalzustand in einer funktionierenden Beziehung. Dazu muss nicht zwingend einer der beiden Partner blind sein.

Wenn ich helfend eingreife, dann lediglich bei ganz praktischen Dingen wie zum Beispiel dem Sortieren ihrer Post. Constanze kann Werbeprospekte von wichtigen Briefen nur schwer unterscheiden. Da wir nicht in einem Haushalt wohnen, sind wir auf eine recht kreative Lösung gekommen, die es mir ermöglicht, selbst von Innsbruck aus gelegentlich helfend einzugreifen. Ich habe in Constanzes Wohnung eine Webcam installiert. So kann sie mich jederzeit anrufen und mich etwa darum bitten, einen Blick auf ihr Outfit zu werfen, wenn sie einen wichtigen Geschäftstermin hat. Gelegentlich kommt es nämlich schon vor, dass sie einen rechten Schuh anzieht, der schwarz ist, und einen linken, der weiß ist. Solche Lapsus passieren ihr, wenn sie unkonzentriert ist. Das kann sich ein blinder Mensch kaum leisten, ist natürlich aber auch der Grund dafür, dass Constanze eine so enorme mentale Stärke entwickelt hat.

Als gelernter Techniker greife ich gerne auf eine Metapher aus meinem Berufsumfeld zurück, um begreiflich zu machen, wie Constanze die Welt wahrnimmt und das Leben bewältigt: Vergleicht man das Gehirn mit einem Computerprozessor, verhält es sich so, dass bei sehenden Menschen das Gehirn zwischen siebzig und achtzig Prozent der Gesamtkapazität allein durch den Sehsinn verbraucht. Verbindet man sich nun die Augen über einen Tag lang, schaltet man also seinen Sehsinn bewusst aus, ist der Prozessor unterfordert beziehungsweise nicht ausgelastet und verlegt sich auf andere Eindrücke, auditive etwa, oder olfaktorische, die er gewissermaßen als kompensatorische Maßnahme voll und ganz ausschöpft. Mit anderen Worten nimmt ein blinder Mensch zum Beispiel nicht nur mehrere Geräusche gleichzeitig wahr, sondern er kann sie zugleich auch zuordnen. Er wird dabei von den optischen Reizen nicht abgelenkt, weshalb sein „Prozessor" eben noch Kapazitäten frei hat.

Dieses Phänomen kann ich an Constanze immer wieder beobachten. Wenn ich zum Beispiel mit ihr auf einer Parkbank sitze, ist es sie, die stets weiß, wo sich die Kinder und Calimero befinden, zugleich nimmt sie die Gespräche um sich herum wahr, das Zwitschern der Vögel, und sie weiß auch noch, dass da vor Kurzem unweit an der Straßenecke ein Müllauto angehalten hat.

Was Constanze zudem auszeichnet, ist ihr ausgezeichnetes Gedächtnis. Vielleicht ist auch das eine Überlebensstrategie blinder Menschen. Sie können ja nicht einfach mal auf ihren Notizzetteln nachsehen wie wir. Wenn Constanze etwas einmal gelesen, respektive gehört hat, hat sie es gewissermaßen verinnerlicht und kann es jederzeit abrufen. Ich glaube, das ist auch eines ihrer Erfolgsgeheimnisse als

Coach. Ihre KlientInnen können sich darauf verlassen, dass Constanze zu jeder Tages- und Nachtzeit um ihre Probleme und Anliegen Bescheid weiß, und zwar detailliert Bescheid weiß, und jeweils dort ansetzt, wo sie das letzte Mal aufgehört haben. Sie können zählen auf sie, weil sie mit Constanze jemanden an ihrer Seite haben, der ihre Anliegen nicht nur ernst nimmt, sondern auch ganz generell von dem unbändigen Wunsch zu helfen angetrieben wird. Sie ist ein sehr empathischer Mensch – und sie ist neugierig. Sie will denn Dingen auf den Grund gehen, die Menschen, die sich an sie wenden, verstehen, und das gelingt ihr zumeist auch.

Constanze ist nicht von einer Aura des Tragischen umgeben, sie hadert nicht mit ihrem Schicksal, und selbst die Formulierung, sie hätte „das Beste aus ihrer Situation gemacht", trifft es nicht ganz, weil es eine solche „Situation", die zu bewältigen wäre, für Constanze gar nicht gibt. Constanze ist blind geboren. Die Fähigkeit zu sehen ist bei ihr einfach niemals vorhanden gewesen. Deshalb fehlt sie ihr auch nicht, sie fehlt ihr genauso wenig wie uns etwa diejenige, Gedanken zu lesen – vorausgesetzt wir können es nicht. Das soll es ja auch geben. Als ihr Partner profitiere ich von Tag zu Tag aufs Neue von der Begegnung mit ihr.

Familie und Kinder

Auf Kinder, vor allem auf kleine, hat man sprichwörtlich immer „ein Auge". Ich nicht – aus bekannten Gründen. Ich werde daher auch immer wieder gefragt, wie ich es geschafft habe, meine beiden Kinder unbeschadet vor allem über ihre frühe Kindheit zu bringen.

Ich habe zwei Kinder. Mein Sohn Tristan ist inzwischen fünfzehn und meine Tochter Jenny ist zehn Jahre alt. Da mein Sohn meiner ersten Ehe entstammt und meine Tochter meiner zweiten, ich aber mit den Vätern nicht mehr zusammen bin, sind meine Kinder sozusagen Teilzeitkinder. Sie verbringen einen Teil der Zeit mit ihren Vätern, mit denen ich nach wie vor ein ausgezeichnetes Verhältnis habe, und den anderen mit mir. Die Väter meiner Kinder kommen übrigens sehr gut miteinander aus. Das ist eine große Erleichterung für uns alle, für mich und die Kinder. Vielleicht liegt das daran, dass ich immer sehr ehrlich zu ihnen war, ihnen nichts vorgemacht habe. Jeder hat innerhalb unserer Patchwork-Familie einen festen Platz, und das ist auch gut so.

Früher, als meine Kinder noch klein waren, wohnte ich mit dem jeweiligen Vater und den Kindern als Familie zusammen. Da waren die Herausforderungen, die auf mich als blinde Mutter zukamen, anders als heute, da die Kinder nicht mehr permanent bei mir zu Hause sind. Beide meiner Kinder können übrigens sehen.

Vorausschicken möchte ich, dass ich beide Schwangerschaften als sehr glückbringend erlebt habe. Ich hatte da nie Probleme, weder gesundheitlich noch seelisch, und auch die Zeit, als meine Kinder Babys waren, hat mich weniger gestresst als viele andere Mütter. Ich war da eigentlich sehr entspannt. Auch hat jeweils die Beziehung zu meinem Partner nie darunter gelitten. Ich fand immer wieder auch Zeit für uns beide, neben Kindern und Alltag. Insgesamt war es eine sehr schöne Zeit, und dass ich blind bin, hat zwar ein gewisses Maß an Flexibilität erforderlich gemacht, wenn man jedoch möchte, kann man für beinahe alles Lösungen finden.

Ich habe meine beiden Kinder zum Beispiel immer auf dem Boden gewickelt, um zu verhindern, dass sie mir von irgendwo runterfielen. Überhaupt spielte sich viel bei uns auf dem Boden ab. Ich stillte auch auf dem Boden sitzend, und selbst unser Bett, in dem die Kinder ja immer wieder auch schliefen, war niedrig, sodass unter keinen Umständen etwas passieren konnte. Ferner war unsere Wohnung so eingerichtet, dass sich gewisse Gefahrenquellen von vornherein ausschlossen: Die Steckdosen etwa waren alle gesichert, die Ecken ausgepolstert, Putzmittel und andere gefährliche Gegenstände bewahrten wir an einem Ort auf, an den die Kinder nicht herankamen, und kleine Teile, die sie verschlucken konnten, hatten wir einfach nicht. Wir hatten auch nie irgendwelche Accessoires in der Wohnung, die nicht kindgerecht waren, in Wahrheit hatte ich so etwas überhaupt nie, weil ich es ja ohnehin nicht sehen kann.

Gerald, der Vater meines ersten Kindes, meines Sohnes Tristans, kann sehen, das half natürlich enorm, was die Betreuung anging. Er war es auch, der damals, als Tristan zur Welt kam, in Karenz ging. Infolgedessen war auch die Beziehung, die die beiden zueinander hatten, eine sehr enge, was ich mit gelegentlichen Anflügen von Eifersucht zur Kenntnis nahm. Ich fühlte mich bald in der Rolle, in der sich zumeist Männer befinden, deren Frauen zu Hause bei den Kindern sind. Gerald und Tristan bildeten eine Einheit. Ich kreiste um sie herum wie ein Satellit. Die Tatsache, dass ich blind war, er jedoch nicht, bestärkte das Gefühl in mir. Gerald kümmerte sich fast ausschließlich um die Bedürfnisse unseres Kindes, nicht etwa, weil ich das nicht konnte, sondern weil er einfach schneller war. „Ich mache das schon, ich bin schneller!", war ein Satz, den ich nicht nur einmal am Tag zu hören bekam.

Im Unterschied zu Gerald ist Thomas, mein zweiter Mann und der Vater meiner Tochter Jenny, selbst auch blind. Das änderte einiges, auch für mich. Anders als Tristan musste Jenny mit zwei blinden Eltern leben – und überleben! Sie hat sich tapfer geschlagen. Der Einzige von uns, der damals sehen konnte, war Tristan und der war bei der Geburt seiner kleinen Schwester gerade fünf Jahre alt geworden. Er hat wohl in sehr jungen Jahren schon Verantwortung für Jenny übernommen. Seine Augen waren gewissermaßen meine Augen, er wies mich etwa darauf hin, wenn das Baby einen roten Popo hatte oder sonst irgendwelche besorgniserregenden Symptome aufwies, die ich nicht erspüren konnte.

Wenn man seine Kinder nicht sehen kann, um sie vor Gefahren zu schützen, muss man sie zumindest hören können. Aus diesem Grund haben wir ihnen, sobald sie mobiler wurden, kleine Glöckchen an ihre Kleidung genäht. So wussten wir immer, wo sie waren und auch wie schnell sie sich bewegten. Auf dem Spielplatz konnte ich anhand der Glöckchen auch feststellen, in welcher Höhe sie sich ungefähr befanden. Mein Mann und ich tasteten zuerst die Spielgeräte ab, um zu sehen, wie sie beschaffen waren. Wenn unsere Tochter dann darauf herumkletterte, verfolgten wir sie sozusagen nicht mit den Augen, sondern mit den Ohren. Das funktionierte ganz wunderbar.

Heute tragen meine beiden Katzen die Glöckchen, auch von ihnen möchte ich wissen, wo sie sich gerade befinden. Oft, wenn ich sie klingeln höre, denke ich an die wunderbare Zeit zurück, als meine beiden Kinder noch klein waren.

Verließen wir die Wohnung, gab es strikte Regeln, an die sich die Kinder halten mussten. Als sie noch Babys waren, trug ich sie ohnehin in einem Tragesack auf dem Rücken, da gab es noch kein Problem. Sobald sie jedoch laufen konnten und neben mir hergingen, durften sie meine Hand unter keinen Umständen loslassen. Wahrscheinlich wären sie von sich aus auch gar nicht auf die Idee gekommen, das zu tun, denn sie wussten ja, dass, wenn sie mich verlieren würden, ich sie nicht mehr so leicht finden würde. Sie achteten darauf, mich nicht aus den Augen zu verlieren, und nicht umgekehrt.

Überhaupt war es wohl so, dass meine Kinder von meiner Blindheit in vieler Hinsicht profitierten. Ab dem Zeitpunkt, da sie herausgefunden hatten, dass ich sie nicht sehen konnte – wann das genau war, kann ich nicht mehr sagen –, begriffen sie wohl instinktiv, dass sie bis zu einem gewissen Grad auch auf sich selbst aufpassen mussten. Sie vermieden es von sich aus sich in Gefahren zu begeben und wurden so sehr schnell sehr eigenständig.

Wir hatten und haben viel Spaß miteinander. Für sehende Menschen ist es vielleicht schwer vorstellbar, wie wir die Zeit miteinander verbringen. Für sie ist es kaum nachvollziehbar, dass blinde Eltern genauso viel mit ihren Kindern spielen können wie sehende. Es gibt jedoch eine ganze Menge Spielzeug, das sich dafür gut eignet. Wir hatten beispielsweise eine blindengerechte Brettspielsammlung. *Mensch ärgere dich nicht* gehörte zu unseren deklarierten Lieblingsspielen. Ich habe oft auch gewonnen. Wenn ich jetzt mit ihnen Spiele auf der *PlayStation* spiele, verliere ich naturgemäß. Das macht mir aber nichts aus. Es geht ja um das Zusammensein und das Spielen an sich, und das macht mir großen Spaß.

Ich gehe auch gerne ins Kino mit meinen nun halbwüchsigen Kindern. Die meisten Filme verstehe ich, auch wenn ich die Bilder nicht sehen kann, einzelne Szenen, die ich allein über den Ton nicht richtig deuten kann, lasse ich mir von meinen Kindern erklären. Ich liebe es, ihnen zuzuhören. Das sind schöne und verbindende Momente.

Die Kunst zu erzählen praktizieren wir von je her. Sie ist heutzutage, da vieles über visuelle Impulse erfolgt, ohnehin im Aussterben. Die Sprache ist für mich, wie gesagt, ein sehr wichtiges Medium, und ich liebe es, Geschichten zu erzählen oder erzählt zu bekommen. Meine Kinder begannen beide schon sehr früh zu sprechen. Sie lernten, die Dinge zu benennen, weil es ja nicht ausreichte, wenn sie lediglich darauf deuteten. Nur so konnten sie meine Aufmerksamkeit dafür wecken. Sie haben von klein auf gelernt, mir die Welt, die ich nicht sehen kann, durch Worte näherzubringen, und sie sind so zu kleinen Meistern des Beschreibens geworden.

Was über das Bild nicht zugänglich ist, ästhetische Konzepte etwa, kann es über den Ton sehr wohl sein. Ich kann nicht beurteilen, ob meinen Kindern eine Zeichnung gelungen ist oder nicht, dass sie schöne Stimmen haben weiß ich jedoch. Meine Tochter nimmt schon seit Längerem Gesangsunterricht, es macht mir große Freude, ihr zuzuhören, wenn sie mir etwas vorsingt.

Was meinen Kindern und mir das Leben wirklich immer lebenswert gemacht hat, waren die vielen Freundinnen und Freunde, die wir stets hatten und auch noch immer haben und die gerne ihre Zeit mit uns verbringen. Zusammen mit ihnen konnten wir damals, als die Kinder noch klein waren, Dinge erleben, die wir alleine so nicht hätten erleben können. Bootfahren zum Beispiel, oder Grillen im Garten. Auch in den Zoo zu gehen, macht mehr Spaß, wenn uns jemand begleitet. Inzwischen haben die Kinder viele Aufgaben übernommen, die damals Freunde für uns erledigt haben. Heute können wir auch zu dritt auf einen See hinausfahren. Sich mit netten Menschen zu umgeben, entspricht jedoch unserem Naturell und hat uns zu vielen schönen Stunden verholfen, die wir alleine aufgrund meiner Sehbehinderung nicht hätten erleben können. Insofern haben wir es immer beibehalten.

Meine Kinder haben, wie ich selbst, alles in allem aus der Not, wie man so schön sagt, eine Tugend gemacht. In vielerlei Hinsicht. Sie haben früh gelernt Verantwortung zu übernehmen, für sich und für andere. Ich denke, dass ihnen das für ihr weiteres Leben helfen wird. Ich bin ganz sicher, dass ein zu behütetes Aufwachsen, wie es heute ja oft von den sogenannten Helikopter-Eltern praktiziert wird, für die Entwicklung eines Kindes abträglich ist. Solchen Kindern fällt es zumeist sehr schwer, sich aus der Umklammerung ihrer überfürsorglichen Eltern zu lösen, einen eigenen Weg für sich zu finden und dann in der Welt da draußen zu bestehen.

Ich habe meinen Kindern nie viel verboten, sondern ihnen stets große Freiräume gelassen. Ich habe sie von Anfang an darauf hingewiesen, dass sie jeweils mit den Konsequenzen ihres Tuns leben müssen, und ich war stets da für sie und das werde ich auch immer sein. Strenge Regeln sind etwas für das Militär, Kinder brauchen meiner Meinung nach vor allem Liebe.

Meine Kinder sind im Übrigen sehr unterschiedlich. Tristan, der Ältere der beiden – er ist jetzt fünfzehn Jahre alt –, ist extrem fokussiert. Sein erklärtes Ziel ist es, zu den Besten zu gehören, und das gelingt ihm bislang auch. Dafür gibt er auch alles, lernt also wirklich brav und mit großem Einsatz. Von Alkohol, Mädchen, Zigaretten oder gar Drogen lässt er sich davon nicht abhalten. Er besucht eine HTL und hat sich dort für den Zweig Medien Design entschieden, der bestimmt zukunftsträchtig ist. Von seinem Wesen her ist Tristan sehr introvertiert und reflektiert. Er äußert sich nicht zu allem und jedem, wenn er jedoch etwas von sich gibt, hat das zumeist Hand und Fuß.

Jenny wiederum ist wohl das exakte Gegenteil von ihrem Bruder. Sie ist im Unterschied zu ihm sehr extrovertiert, Schule interessiert sie eigentlich eher weniger, dabei ist sie eine äußerst neugierige junge Dame mit einem weitgefächerten Interesse für vielerlei Dinge. Sie ist die risikofreudigere der beiden und mir im Grunde sehr ähnlich. Man kolportiert, sie sei eine Miniaturausgabe von mir selbst.

Beide ruhen in sich selbst und haben eine Art Urvertrauen in die Dinge. Schlagartig bewusst wurde mir das einmal während einer Messeveranstaltung, bei der man an einer Station unter anderem auch über Scherben gehen konnte. Wir standen da unter einer Gruppe von Erwachsenen, eigentlich, weil wir zusehen wollten. Als sich niemand freiwillig meldete, sagten meine Kinder, sie würden das gerne versuchen. Das erregte natürlich Aufmerksamkeit. Fernsehreporter, die in der Nähe standen, wurden darauf aufmerksam und fragten mich, ob sie die Kinder dabei filmen dürften, weil sie sie für sehr mutig hielten. Ich stimmte zu. Zuvor fragten sie sie noch, weshalb sie denn eigentlich über Scherben gehen wollten und ob sie keine Angst hätten. „Warum nicht?", antwortete Jenny. „Weil ich es kann", sagte Tristan – und sie konnten es auch. Unter großem Applaus liefen sie über die Scherben und ohne sich dabei zu verletzten. Ich halte dieses Urvertrauen auch in ihr eigenes Können für ein Resultat unserer Erziehung. Sie haben zum einen Geborgenheit erfahren, zum anderen haben sie aufgrund meiner Sehbehinderung früh gelernt, auf sich selbst Acht zu geben.

Interview mir Constanzes Kindern

„Wann habt ihr bemerkt, dass eure Mama blind ist?"

Jennifer: „Ich denke, ich war damals zwei oder drei Jahre alt. Genau erinnern kann ich mich aber nicht daran. Ich weiß nur noch, dass ich Mama damals gefragt habe, was ihre Lieblingsfarbe sei, und sie hat mir geantwortet, dass sie mir das nicht beantworten könne, da sie ja nicht sehen könne, und es in ihrer Welt gar keine Farben gab.

Tristan: „Ich war damals noch sehr klein, wahrscheinlich aber schon im Kindergartenalter. Es ist mir irgendwann beim Spielen aufgefallen, dass Mama keine Farben sehen kann. Ich glaube nicht, dass es ein bestimmter Moment war, den ich es festmachen kann, vielmehr ging das schleichend, ich bemerkte es so nach und nach."

„Habt ihr die Sehbehinderung eurer Mutter als Belastung empfunden?"

Jennifer: „Nein, gar nicht. Meine Eltern – mein Vater ist ja auch blind – konnten ja alles, manches sogar besser als sehende Menschen. Ich kann mich erinnern, dass es bei irgendeiner Gelegenheit einmal darum ging, mit einem

Rad über einen ganz schmalen Weg zu fahren. Mein Vater war der Einzige, der das zuwege brachte. Nicht einmal Nicht-Blinde konnten das so gut wie er. Er findet sich überhaupt fast überall leicht zurecht – vielleicht sogar ein wenig besser als Mama, aber die hat ja Calimero, ihren Hund."

Tristan: „Bei mir war das vielleicht ein wenig anders. Ich habe doch schon früh Verantwortung übernommen, auch für meine kleine Schwester. Ich war schließlich fünf Jahre älter als sie und in der Familie neben ihr – und sie war noch ein Baby – der Einzige, der sehen konnte. Ich hatte immer schon ein Auge auf sie."

„Hattet ihr das Gefühl, eure Mama sei behindert aufgrund ihrer Blindheit?"

Jennifer: „Nein, überhaupt nicht!"

Tristan: „Behindert ist das falsche Wort! Es hat Dinge gegeben, bei denen ich ihr helfen musste, zum Beispiel, wenn sie nach etwas gesucht hat. Das war dann oft meine Aufgabe, es für sie zu finden. Mama hat uns aber immer das Gefühl vermittelt, alles fest im Griff zu haben. Was sie wollte, hat sie auch erreicht. Ich habe mich immer sicher gefühlt bei ihr."

„Ihr hattet also nie Angst?"

Tristan: „Ich glaube, wir sind von uns auf nicht auf die Idee gekommen, uns ernsthaft in Gefahr zu bringen, weil wir instinktiv gewusst haben, dass wir bis zu einem gewissen Grad auf uns gestellt waren. Wenn wir zum Beispiel miteinander auf Urlaub waren und irgendwo am Strand, wären wir gar nicht auf die Idee gekommen, weit ins Meer hinauszuschwimmen. Das ist gar nicht infrage gekommen."

Jennifer: „Doch, ich habe mich manchmal, als ich noch klein war, ein wenig gefürchtet, wenn ich mit Mama und Papa alleine unterwegs war. Ich habe Angst gehabt, sie zu verlieren, weil ich gewusst habe, dass sie mich nicht mehr finden würden. Ich habe schon immer sehr darauf aufgepasst, Mamas Hand nicht loszulassen."

„Habt ihr es je ausgenutzt, dass eure Eltern nicht sehen konnten, was ihr so machtet? Die Versuchung ist ja sicher manchmal groß, oder?"

Tristan: „Ich eigentlich nicht, oder zumindest kann ich mich nicht daran erinnern."

Jennifer: „Ich habe manchmal meine Hausaufgaben nicht gemacht, und heimlich Schokolade gegessen oder Süßigkeiten genascht habe ich auch. Mama hat mir erzählt, dass ich einmal zu Ostern – ich muss damals noch sehr klein gewesen sein –, meinen Schokoladeosterhasen verbotenerweise schon vor dem Frühstück gegessen habe. Ich habe ihn auf mein Hochbett geschleppt und aufgegessen. Großen Hunger hatte ich beim Frühstück dann wahrscheinlich nicht mehr."

Lebenshilfen

Heutzutage geht es uns Blinden natürlich viel besser als noch vor ein paar Jahrzehnten. Im öffentlichen Raum ist inzwischen sehr viel Positives für uns geschehen. Viele Ampeln – leider nicht alle – zeigen durch unterschiedliche Tonsequenzen an, ob es nun jeweils „rot" oder „grün" ist, man die Straße also gefahrlos überqueren kann oder nicht. Vermehrt gibt es nun auch sogenannte taktile Leitsysteme. Das sind gerillte Linien auf dem Boden – sowohl auf den Straßen und Gehsteigen als auch in U-Bahnstationen und Bahnhöfen –, die es uns erleichtern sollen, uns selbständig im öffentlichen Raum zu orientieren und fortzubewegen. Damit man diese Wege auch nutzen kann, müssen sie jedoch unbedingt frei von Hindernissen sein, was leider nicht immer der Fall ist. Dann besteht jedoch die Gefahr, dass man die Linie, wenn man um dieses Hindernis herumgehen muss, verliert und sie nicht so schnell wiederfindet.

Eine Errungenschaft für uns Blinde ist auch das Faktum, das mittlerweile auf barrierefreies Bauen wertgelegt wird. Bei Neubauten ist das inzwischen gang und gäbe, und bei altehrwürdigen öffentlichen Gebäuden wie etwa der Universität, die noch aus der Zeit Kaiser Franz Josephs I. (1830–1916) stammt, hat man viel Aufwand betrieben, um uns darin eine selbstbestimmte Mobilität und damit eine gleichberechtigte Teilhabe am gesellschaftlichen Leben zu ermöglichen. Gefahrenstellen sind abgesichert, Leit- und Orientierungssysteme gehören zum Standard. Das ist von unschätzbarem Wert für uns.

Selbst Aufzüge sind heutzutage vielerorts mit Druckknöpfen in Brailleschrift versehen. Sehenden Menschen fällt das gar nicht so auf. Wir Blinde sind darauf angewiesen. Man kann sich nämlich ganz schön täuschen, wenn man nach Gutdünken, weil man die Knöpfe abgezählt hat, ein Stockwerk auswählt. Manche Häuser haben zwei Untergeschoße, ein Hochparterre und so weiter. Und manche Leisten in Aufzügen sind so angeordnet, dass die Knöpfe in zwei Reihen nebeneinanderzuliegen kommen – da gibt es die vielfältigsten Kombinationsmöglichkeiten, die einem nur dann so wirklich bewusst werden, wenn man nicht sehen kann. Wir Blinde leben damit Tag für Tag.

Hilfestellung, die für uns Blinde essenziell ist, kommt natürlich auch von sehenden Menschen. Ich meine damit jetzt nicht nur Verwandte oder Freunde in meinem unmittelbaren Umfeld, sondern Fremde, denen man ganz generell irgendwo im öffentlichen Raum begegnet. Anzumerken ist ihnen gelegentlich eine gewisse Schüchternheit, das heißt, sie sind oft befangen und unsicher, ob sie mich nicht vielleicht sogar beleidigen, wenn sie mir ihre Hilfe anbieten, gerade, wenn man wie ich ein ansonsten sicheres Auftreten hat. Aufgefallen ist mir auch, dass sie Worte wie „sehen" oder „blind", so gut es geht, vermeiden. Offenbar, weil sie mich nicht verletzen wollen. Dass ich blind bin, ist jedoch eine Tatsache, mit der ich (gar nicht schlecht) lebe, und Vokabel wie „sehen" oder „anschauen" verwende ich genauso wie Nicht-Blinde. Ich habe meine spezifische Art zu sehen.

Ich persönlich bin in jedem Fall dankbar für Hilfe, wenn ich sie brauche. Es gibt natürlich keinen Leitfaden, der besagt, wie man sich Blinden nähern soll, das ist weitgehend situationsbedingt. Grundsätzlich gilt jedoch, dass man ihnen auf Augenhöhe begegnen soll. Nur, weil ein Mensch nicht sehen kann, bedeutet das ja nicht zugleich, dass er von vornherein mehr zu bedauern ist als so mancher Nicht-Blinde. Ich persönlich will und brauche kein Mitleid, und ich bin auch nicht unmündig. Durch Mitleid fühle ich mich abgewertet. Einen entscheidenden Unterschied macht es für mich natürlich, auf welche Weise einem die Hilfe angeboten wird, ob der oder die potenzielle HelferIn mich etwa am Arm packen, gewissermaßen also beherzt zugreifen und über eine Straße zerren möchte, oder mich schlicht fragt, ob ich Hilfe benötigen würde. Böse bin ich keinem der beiden Fälle, weil mir ja durchaus bewusst ist, dass es gut gemeint ist. Insofern möchte ich sehende Menschen dazu ermutigen, helfend einzugreifen, wenn sie das Gefühl haben, dass es von Nöten ist. Oft ist es das ja tatsächlich. Vielleicht ist es auch essenziell zu wissen, dass es auch unter Blinden sogenannte „GrantlerInnen" gibt, die Hilfestellungen schroff zurückweisen. Auch das kommt vor. Es gibt viele Blinde, die – anders als ich – mit ihrem Geschick hadern. Ich kann mir vorstellen, dass es bei solchen Menschen zu Überreaktionen kommen kann, selbst dann, wenn man es gut mit ihnen meint. Ich denke, es wäre der falsche Schluss, dass Hilfe ganz prinzipiell unerwünscht ist, wenn so etwas einmal passiert ist.

Interessant zu beobachten ist es auch, dass sehende Menschen von sich und ihren Wahrnehmungskategorien ausgehen, wenn sie mir ihre Hilfe anbieten. Das liegt natürlich daran, dass sie sich gar nicht vorstellen können, wie es tatsächlich ist, nicht sehen zu können. So machen sie sich etwa gar nicht bemerkbar, bevor sie sozusagen zur Tat schreiten, und das wäre naturgemäß der erste Schritt im Zuge der Begegnung mit einem Blinden. Auch wenn ich dann tatsächlich jemanden einmal nach dem Weg frage, fällt mir immer wieder auf, dass sehende Menschen in anderen Kategorien, visuellen eben, denken. Ich kann demnach mit den meisten Antworten, die ich bekomme, gar nicht allzu viel anfangen. „Sie müssen nur noch dreihundert Meter geradeaus gehen, dann sind Sie schon da." Wirklich? Und wie viele Mülleimer stehen da im Weg, an denen ich rechts oder links vorbeigehen muss? Wie viele Fahrräder oder Straßenlaternen? Ein sehender Mensch fokussiert auf den Endpunkt der Strecke, auf das Ziel in der Ferne, für einen Blinden ist das in der Nähe liegende ausschlaggebend. Eine Distanz, die Sehende für gerade erachten und an deren Ende das Ziel liegt, das man erreichen möchte, ist für Blinde mit vielen kleinen Umwegen, die rechts an dem einen Hindernis und links an dem anderen vorbeiführen, verbunden. Will man mir dabei helfen, muss man mir den Weg detailliert beschreiben. „Einfach nur gerade aus" ist keine Option für einen blinden Menschen. Das gibt es in unserer Welt nicht.

Auf Hilfe angewiesen bin ich etwa auch, wenn ich allein ein Restaurant besuche, was ich, offen gestanden, selten tue. Gelegentlich ergibt es sich aber doch. Wenn mir dann kein Kellner den Mantel abnimmt und mich zu einem freien Tisch führt, wird es schwierig für mich. Ich kann natürlich auch die Speisekarte nicht entziffern, vorausgesetzt, sie liegt nicht in Brailleschrift vor, was selten der Fall ist. Da bedarf ich einiger Aufmerksamkeit vonseiten des Bedienungspersonals, die wurde mir bislang jedoch auch nie verwehrt. Gibt es ein Büffet, zum Beispiel ein Frühstücksbüffet in einem Hotel oder ein anderes im Rahmen eines Meetings, ist es naturgemäß besonders wichtig, dass mir jemand assistiert. Ein größeres Problem als für mich ist ein Restaurantbesuch sicher für ältere blinde Menschen, die alleine sind und nicht für sich kochen wollen, also darauf angewiesen sind. Soweit ich das beobachtet habe, frequentieren diese aber stets dasselbe Lokal, sind dort also bekannt und werden auch dementsprechend bevorzugt behandelt.

Aufgrund vieler neuer Technologien haben wir heute Möglichkeiten, die es früher einfach nicht gab. Vieles ist dadurch leichter geworden für uns, der Kontakt zur Außenwelt beispielsweise.

Mein Computer und mein Smartphone sind mit einer sogenannten Braillezeile verbunden. Das ist eine Art Tastatur in Blindenschrift. Sie sieht aus wie eine gängige Computertastatur, nur dass die Tasten eben durch das System, das die Brailleschrift vorgibt, speziell für uns konzipiert sind. Das heißt, ich kann sowohl mein iPhone als auch mein Mac-Book mithilfe der Braillezeile bedienen. Auf beiden Geräten habe ich ein Programm installiert, das *voice over* heißt. Das ist ein Screenreader, der vor allem mit Apple-Produkten kompatibel ist und der mir jeweils vorliest, was ich an Geschriebenem erfassen möchte. Früher musste man diese Screenreader für teures Geld kaufen, nun sind sie Standard!

Mit *voice over* kann ich Inhalte von Websites – in meinem Fall – anhören, weil mir das Programm den Text, der darauf steht, vorliest. Auch E-Mails und SMS sind auf diese Weise für mich kein Problem. Diejenigen, die ich erhalte, bekomme ich vorgelesen, diejenigen, die ich verschicken möchte, sage ich einfach an.

Als Journalistin und Person, die in der Öffentlichkeit steht, sind für mich natürlich auch die *Social Media* ein Thema. Das heißt, ich habe natürlich auch einen Facebook-Account. Auch ihn kann ich mit Hilfe jener Technologien ohne Weiteres bedienen. Ich administriere sogar eine Facebook-Gruppe, in der ich regelmäßig Beiträge veröffentliche – kurze, gelegentlich jedoch auch längere.

Aufgrund dieser neuen Entwicklung ist nun selbst das Studieren eine Option für uns. Aus leidvoller Erfahrung weiß ich, dass das nicht immer so war. Die Universitäten sind mittlerweile jedoch auf blinde HörerInnen eingestellt. Sämtliche Unterlagen sind nun zugänglich für uns, das meiste natürlich über das Internet. Nach und nach haben sämtliche Universitätsbibliotheken ihre Bestände digitalisiert. Davon war, als ich zu studieren begann, noch keine Rede. Heutzutage ist so gut wie alles digitalisiert, neben den wissenschaftlichen Büchern auch beinahe die gesamte Weltliteratur. Wenn irgendetwas aus irgendeinem Grund nicht in Blindenschrift erhältlich ist, findet man es als iBook. Dort kann man es sich vorlesen lassen.

Ich publiziere immer wieder und in auch Autorin von mehreren Büchern. Dass das so leicht möglich ist, verdanke ich unter anderem jenen modernen Technologien, wie bereits erwähnt, dem Programm *voice over* etwa. Meine Art zu schreiben unterscheidet sich jedoch womöglich von derjenigen sehender Menschen. Da ich in einem Dokument nicht ohne Weiteres herumfuhrwerken kann, es für mich also nicht so leicht ist, Absätze einfach zu verschieben oder umzugestalten, habe ich von Anfang an gelernt, Sätze im Kopf bis auf Punkt und Beistrich auszuformulieren, bevor ich sie dann zu Papier bringe, sprich ansage. Die Denkleistung ist abgeschlossen, bevor ich zu schreiben beginne. Das Schreiben selbst ist dann nur noch ein mechanischer Vorgang, das Tippen eben. Fragmente oder Stichworte sind für mich keine Option. Ich glaube, dass ich diesbezüglich wesentlich fokussierter und ergebnisorientierter und womöglich auch effizienter agiere als so mancher Nicht-Blinde.

Dokumente, die ich nur schriftlich, also auf Papier, in Händen habe, zum Beispiel meine Post, lasse ich mir einscannen und kann sie dann mit *voice over* lesen. Es ist wunderbar, einen Zugang zu all dem zu haben, ohne auf jemanden angewiesen zu sein, der sich extra dafür Zeit nehmen müsste. Womöglich brauche ich etwas länger als sehende Menschen, aber ich kann es immerhin bewältigen.

Da ich ja nicht so leicht wie sehende Menschen in Büchern nachschlagen oder auf Notizzetteln nachlesen kann, habe ich mir im Laufe der Zeit angewöhnt, mir Dinge einfach zu merken. Ich habe mein Gedächtnis trainiert und vergesse selten etwas, das mir wichtig erscheint. Unwichtige Dinge blende ich jedoch aus. Das kommt mir sehr bei einem meiner drei Jobs sehr zugute. Ich arbeite ja auch als Coach – dazu später – und ich weiß über meine 75 KlientInnen, die ich aktuell betreue, stets genau Bescheid. Notizen brauche ich dafür keine. Ich habe auch keine. Auch mein trainiertes Gedächtnis gehört gewissermaßen zu den Hilfsmitteln, die mir mein Leben erleichtern.

Nichtsdestotrotz habe ich jedoch auch einen persönlichen Assistenten, der inzwischen auch zu einem meiner besten Freunde geworden ist: Dominik. Er erledigt administrative

Dinge für mich, wenn ich selbst nicht dazukomme. Er hilft mir etwa auch dabei, meine Coaching-Gespräche, die ich mit diversen KlientInnen führe, und auch die Fortschritte, die wir erzielen, zu dokumentieren. Auch wenn jemand ein Produkt kaufen möchte, kümmert sich Dominik darum. Er begleitet mich gelegentlich auch auf beruflichen Wegen. Finanziert wird Dominik vom *Verein Miteinander*, der Assistenten für Menschen mit Behinderungen zur Verfügung stellt, um sie bei beruflichen Angelegenheiten zu unterstützen, bei beruflichen wohlgemerkt. Was wir tatsächlich bräuchten in Österreich, wäre eine persönliche Assistenz in einem wesentlich weitergefächerten Bereich, also nicht nur im beruflichen, sondern auch im privaten. Ich wäre zum Beispiel sehr dankbar dafür gewesen, wenn mir jemand dabei geholfen hätte, die Hausaufgaben meiner Kinder zu kontrollieren. Ich selbst kann einfach nicht beurteilen, ob sie ihre Aufgaben wirklich in der Qualität erledigt haben, wie man das von ihnen erwartet. In Wahrheit weiß ich nicht einmal, ob sie sie überhaupt erledigt haben oder es nur vorgeben. Ich kann sie dabei nicht sehr effizient unterstützen. Ich denke, dass da vielen blinden Müttern (auch Vätern) sehr geholfen wäre, das gehört jedoch nicht zu den Aufgaben eines Assistenten wie Dominik einer ist. Er kümmert sich lediglich um die beruflichen Komponenten.

Man kann inzwischen auch schon um einen solchen persönlichen Assistenten für den privaten Bereich ansuchen, kommt dann aber erst einmal auf eine Warteliste und muss mitunter zwei Jahre warten, bis ein solcher dann tatsächlich vom Staat bewilligt wird.

Insgesamt wäre etwas weniger Bürokratie von Seiten des Staates sehr wünschenswert. Oft vergehen Monate oder sogar Jahre, bis man mit all den Dingen ausgestattet ist, die einem das tägliche Leben zu Haus und im Beruf erleichtern. Hilfe für blinde Menschen sollte etwas Selbstverständliches sein und nicht immer erbettelt werden müssen. Von der Politik würde ich mir zudem wünschen, dass man für blinde Menschen die Bedingungen schafft, die es ihnen erleichtern einen Beruf auszuüben. Da wäre von Seiten des Staates mehr Flexibilität gefordert. Das Ziel müsste es doch sein, sie so gut wie möglich in den Arbeitsmarkt zu integrieren. Dass das möglich ist, weiß ich von mir selbst. Auch habe ich einen blinden Freund, der Jus studiert hat und nun als Richter tätig ist. Zumeist stehen hinter solchen Erfolgsgeschichten aber vor allem die Eltern, die keine Mühe und auch keinen finanziellen Aufwand gescheut haben, um ihre blinden Kinder zu fördern, und nicht der Staat. Wenn man so will, muss man sich ein blindes Kind auch leisten können. Das war schließlich auch bei mir so. Würde die Integration am Arbeitsmarkt besser funktionieren, mit größerem Selbstverständnis erfolgen, müsste auch der Kündigungsschutz nicht so streng gehandhabt werden, der ja garantieren soll, dass ArbeitnehmerInnen mit Behinderungen geschützt sind und sie davor bewahren sollen, ungerechtfertigt gekündigt werden. Viel wichtiger wäre es doch, darauf zu achten, dass sie überhaupt einen Job bekommen, es solche Jobs, die sie ausüben können, auch tatsächlich gibt. Homeoffice bietet sich da in vielerlei Hinsicht an, gerade für Blinde. Das würde ihnen schon den oft mühsamen Weg zu ihrem Arbeitsplatz ersparen, der auch viel Zeit in Anspruch nimmt. Die technischen Hilfsmittel sind inzwischen alle vorhanden. Jetzt fehlen nur noch die ArbeitgeberInnen, die flexibel genug sind, sich darauf auch einzulassen.

Viel älter als technische Hilfsmittel und nicht minder hilfreich ist Calimero, mein Hund. Ich bin zwar eine passionierte Taxifahrerin und inzwischen mit sämtlichen LenkerInnen in Linz und Umgebung gut bekannt, überallhin kann man jedoch auch nicht mit dem Taxi fahren. Für kürzere Strecken habe ich dann eben meinen Blindenführhund. In Österreich ist es so, dass ich als Blinde, die einem Beruf nachgeht, vom Gesetz her Anspruch auf einen Blindenführhund habe. Man stellt einen diesbezüglichen Antrag, dann kommt jemand vorbei und begutachtet, ob man sich ganz generell als Hundeführerin eignet und auch genügend Platz für einen Hund zur Verfügung steht.

Man hat sich im Übrigen früh schon die Intelligenz und die Treue dieser Tiere zunutze gemacht. Die erste Erwähnung eines Blindenführhundes in der Literatur stammt aus der Frührenaissance, exakt aus dem Jahr 1464. Sie findet sich in der *Straßburger Bettelordnung*. Dort heißt es:

„Es soll in Zukunft kein Bettler einen Hund haben oder auf-
ziehen, es sei denn, er wäre blind und bräuchte ihn."[1]

Calimero ist bereits mein dritter, wie es so schön heißt, Assistenzhund. Als gut ausgebildeter Blindenführhund leistet
er einen entscheidenden Beitrag zu meiner Mobilität und
Sicherheit. Er ist ein Garant für meine Unabhängigkeit.
Nur besonders friedliche, nervenstarke und strapazierba-
re Tiere, die zudem auch kein erhöhtes Aggressionspoten-
zial haben und sämtliche Gesundheitschecks durchlaufen
und bestanden haben, werden als Blindenführhunde zugelassen. Ausgewählt werden sie in einem Alter von acht
Wochen, beziehungsweise beginnt man da mit den Eig-
nungstests. Im Großen und Ganzen ist es so, dass sich aus
einem Wurf höchstens ein, maximal aber zwei Welpen für
die Aufgaben, die auf sie zukommen, eignen. Sie verbringen
das erste Jahr in einer Patenfamilie, die den Hund sozial-
sieren soll. Das heißt, er wird innerhalb dieses Zeitraums
mit den unterschiedlichsten Situationen vertraut gemacht.
Man konfrontiert ihn von Anfang an mit Straßenverkehr,
Bahnfahrten, Ansammlungen von Menschen, lärmenden
Kindern, anderen Hunden etc. und beobachtet, ob er den

---

1 *1464 bis 1506. Straßburger Bettelordnung.* In: Winckelmann, Otto:
*Das Fürsorgewesen der Stadt Straßburg vor und nach der Reformation
bis zum Ausgang des sechzehnten Jahrhunderts; ein Beitrag zur deut-
schen Kultur- und Wirtschaftsgeschichte,* Teil 2. New York; London 1971
(repr. d. Ausgabe Leipzig 1922), S. 84ff.

Anforderungen, die damit verbunden sind, gewachsen ist. Er darf nicht ängstlich reagieren und schon gar nicht aggressiv, sondern muss stets die Ruhe bewahren. In seinem zweiten Lebensjahr erhält der Blindenführhund dann die spezifische Ausbildung, die er später benötigt. Er lernt, zu führen und dabei auf Gefahren für seinen Halter aufmerksam zu machen. Ein ausgebildeter Blindenführhund kann mitunter bis zu 75 Kommandos beherrschen. Man selbst bekommt den Hund nach dieser Ausbildungszeit. Ich bin dann jeweils eine ganze Woche lang bei dem Trainer, damit der Hund und ich einander kennenlernen und wir uns aneinander gewöhnen können. In dieser Zeit lernt der Hund dann, mit mir zu arbeiten und auf meine speziellen Bedürfnisse einzugehen. Nach dieser Zeit kommt der Trainer eine Woche zu mir nach Hause und geht mit uns gemeinsam sämtliche Wege ab, die ich im täglichen Leben bewältigen muss, etwa zur Schule meiner Kinder oder zum Fitnesscenter und so weiter. Im Laufe der ersten Jahre hat man dann ein Anrecht darauf, den Trainer zu kontaktieren, falls es irgendwelche Probleme oder neue Herausforderungen für den Hund gibt.

Wie sein Vorgänger gehört Calimero zur Rasse der Königspudel. Königspudel sind, da sie äußerst intelligente und an sämtliche Situationen anpassungsfähige Hunde sind, neben Retrievern und Schäferhunden, die für diese Zwecke bevorzugte Rasse. Sie sind insgesamt ein wenig aus der Mode

gekommen, das bedeutet jedoch auch, dass sie nicht über-
züchtet sind, was sicher von Vorteil ist.

Da Mobilität nie zu meinen Stärken gehört hat – da gibt
es andere Blinde, die mir weit überlegen sind –, ist Calimero für mich eine unverzichtbare Hilfe. Er ist in der Lage,
mich auf mein Kommando hin an einen bestimmten Ort zu
bringen. Natürlich muss er dazu vorher auch schon zwei-
oder dreimal dort gewesen sein. Wenn ich also bestimmte
Destinationen anstrebe, sage ich bei den ersten Malen laut
und deutlich, wohin ich möchte. Die nächsten Male führt er
mich dann hin, ohne dass ich auf fremde Hilfe angewiesen
wäre. Wege, die ich regelmäßig frequentiere, kennt er in-
und auswendig. Früher waren das etwa der Kindergarten
oder die Volksschule meiner Kinder, die er problemlos an-
visierte.

Wenn wir dann gemeinsam unterwegs sind, macht Calimero mich auf Hindernisse aufmerksam, indem er mich
sicher um sie herumführt, etwa um Straßenlaternen, par-
kende Autos oder FußgängerInnen, die nicht ausweichen –
denn solche gibt es auch. Zudem zeigt er mir an, wenn irgendwo eine Gefahr lauert, die ich nicht bemerke, Treppen
etwa oder geschlossene Türen. Er bleibt dann einfach stehen, dann weiß ich, dass ich Acht geben muss.

Das Führgeschirr, das Calimero trägt, hat einen Bügel,
der so konzipiert ist, dass ich mich daran anhalten kann,
wenn ich meinen rechten Arm locker an der Seite herunter-
hängen lasse. Es ist nicht so flexibel wie eine Leine. Mein

Hund geht so stets eng neben mir her und reagiert sehr unmittelbar auf meine Kommandos. Essenziell ist, dass auch ich auf seine Hinweise unmittelbar reagiere. Alles andere würde ihn verwirren.

Calimero bewahrt mich vor vielem, lediglich in einem Punkt reagiert er nicht so, wie man es von einem Hund im Normalfall erwarten würde. Er verteidigt mich nicht, wenn mich jemand tätlich angreift, das heißt, er beschützt mich dann auch nicht. Aggression wäre in sämtlichen anderen Situationen für einen Blindenführhund völlig inadäquat oder vielmehr sogar kontraproduktiv, deshalb trainiert man ihnen aggressives Verhalten auch ganz gezielt ab beziehungsweise lässt man nur Hunde für die Ausbildung zu, die von Natur aus sehr friedfertig sind. Ich kann mich an eine Situation erinnern, eine der wenigen, als ich mich tatsächlich in Gefahr befand, in der mir Calimero alles andere als eine große Hilfe war. Ich war aus gewesen und befand mich auf dem Heimweg. Es war nach Mitternacht und die Straßen waren recht einsam schon, als ich immer mehr das Gefühl bekam, dass mir jemand folgte. Anfangs war ich nicht sicher, ob dieser Jemand schlicht denselben Weg hatte wie ich, mit der Zeit erschien es mir jedoch immer wahrscheinlicher, dass das nicht der Fall war. Egal, ob ich mein Tempo beschleunigte oder verlangsamte, der Abstand zwischen uns blieb derselbe. Ich wusste, dass ich nicht mehr weit von zu Hause entfernt war, dennoch bekam ich panische Angst. Jetzt nur keinen Fehler machen, konzentriere dich auf deinen Weg, schoss es mir durch den Kopf. Es fällt mir an und für sich schon nicht leicht, mich zu orientieren, in Stresssituationen ist das jedoch ungleich schwieriger. Endlich war ich bei meinem Haustor angelangt. Als ich den Schlüssel aus der Tasche zog, hatte mich der Mann eingeholt und griff nach meiner Tasche. Ohne zu überlegen, schrie ich so laut ich konnte um Hilfe. Bei all dem stand mein Hund völlig teilnahmslos daneben. Auch als mir der Mann die Tasche stahl, und damit davonlief, machte er keinen Mucks. Ich habe später immer wieder über dieses Erlebnis nachgedacht und es ist mir bewusst, dass auch sehende Menschen in solche Situationen kommen. Im Unterschied zu mir können sie jedoch die Gefährlichkeit besser einschätzen als ich. Hätte der Mann etwa ein Messer gehabt oder sonst eine Waffe, hätte ich, wäre ich nicht blind, die Möglichkeit gehabt, ihm die Tasche freiwillig auszuhändigen, um mich nicht in Gefahr zu bringen. Das tat ich jedoch nicht. Ich schrie vielmehr laut um Hilfe. Das hätte auch schlecht für mich ausgehen können. Dass mich mein Hund nicht verteidigt- oder den Dieb sogar verfolgt hat, liegt an seiner Erziehung. In den meisten Situationen ist es essenziell, dass er nicht eingreift, wenn sich mir jemand nähert, schon gar nicht auf aggressive Art und Weise. Im Normalfall ist es ja doch so, dass mich Menschen, die mich etwa am Arm packen, vor etwas bewahren wollen, zum Beispiel vor einem Auto, das ich überhört habe. Deshalb ist es so wichtig, dass Assistenzhunde in jeder Lebenslage friedfertig reagieren. Damals hätte ich mir gewünscht, dass das nicht so wäre. Der Dieb ist übrigens dennoch gefasst worden. Er hat sich in ein Bordell in der Nähe meiner Wohnung geflüchtet und dort ist einem Kellner aufgefallen, dass er, ein Mann, eine Damenhandtasche trug. Daraufhin hat er die Polizei verständigt. Mein Geld hatte der Dieb zu dem Zeitpunkt als man ihn fasste, allerdings schon ausgegeben. In der Tasche hatten sich neben dem Geld auch meine Wohnungsschlüssel, mein Pass, meine Kreditkarten befunden, die der Dieb auf diverse Mülleimer verteilt hatte. Nichts von all dem bekam ich wieder, und es mir wieder zu besorgen, kostete mich enorm viel Zeit.

Wenn man auf ein Tier so angewiesen ist wie ich auf meinen Assistenzhund, entwickelt man natürlich eine ganz besondere Beziehung zu ihm. Er ist weit mehr als nur ein Nutz- oder Arbeitstier für mich. Die Trennung fällt dann jedes Mal recht schwer. Ich behalte meine Hunde nämlich nicht, bis sie sterben, sondern höchstens bis sie zehn Jahre alt sind. Das ist vom Gesetz so vorgesehen. Schon wenn sie acht Jahre alt sind, ruft mich jemand aus dem Sozialministerium an und fragt mich, ob ich wieder einen neuen Hund möchte, der wird dann in dem Zeitraum, bis mir mein aktueller weggenommen wird, ausgebildet. So bin ich nie ohne Hund. Hunde sind ab dem Alter von zehn Jahren eben nicht mehr so leistungsfähig und können sämtlichen Anforderungen nicht mehr in dem Ausmaß entsprechen, das gefordert ist. Sie kommen dann wieder zurück zu ihrem Züchter, der dazu verpflichtet ist, sie wieder aufzunehmen und sie bis zu ihrem Tod gut zu behandeln. Manche haben auch das Glück in der Familie bleiben zu können, führen sollten sie allerdings nur noch, wenn sie fit sind, alles andere würde ihnen Stress machen. Sie gehen gewissermaßen in Pension und haben dann dort noch ein paar unbeschwerte Jahre mit anderen Hunden. Der Abschied ist oft dennoch schwer.

Interview mit Constanzes Assistenten
Dominik Klinger

„Wie lange arbeiten Sie schon mit Constanze zusammen?"

„Wir arbeiten seit dem Jahr 2004 zusammen. Ich habe damals gerade mein Arbeitsverhältnis bei Radio FRO (Freies
Radio Oberösterreich), einem österreichischen Privatsender beendet und von einem Freund erfahren, dass Constanze einen Techniker für ihre Sendung sucht. Ich war damals auch gerade Zivildiener und brauchte ohnehin einen
zusätzlichen Job, um meine Wohnung erhalten zu können.
Das fügte sich also gut."

„Wie war ihr Arbeitsverhältnis mit Constanze?"

„Constanze war am Anfang sehr streng eigentlich. Sie wollte
so gut wie jeden technischen Vorgang erklärt und demonst-
riert bekommen. Gelegentlich wollte sie dann auch Verbes-
serungen. Exzellenz war ihr erklärtes Ziel, Später erzählte
sie mir dann einmal, dass sie mit dem letzten Techniker
nicht zufrieden gewesen sei und mich daher von Anfang
an auf Perfektion trimmen wollte. Davon habe ich letztlich
auch sehr profitiert.

„Hat es aufgrund von Constanzes Blindheit irgendwelche Probleme oder besonderen Herausforderungen für sie gegeben?"

„Nein, überhaupt nicht. Dazu muss ich vielleicht erklären, dass ich ja damals beim Blindenverband Zivildienst machte und abgesehen davon seit meinem achtzehnten Lebensjahr zwei blinde Freunde hatte. Da kannte ich mich also aus. Für sämtliche Blinde, die ich bislang kennengelernt habe, und ganz besonders für Constanze gilt meiner Meinung nach, dass man sie behandeln sollte wie sehende Menschen auch. Ich kenne keinen Blinden, der sich gerne bevormunden lässt. Constanze insbesondere ist ein sehr dynamischer Mensch. Sie hat sich von Anfang an, denke ich, zum Ziel gesetzt, so wenig eingeschränkt wie möglich zu leben. Daher hat sie sich auch die Spielregeln sehender Menschen virtuos angeeignet. Was mich betrifft, habe ich mir Constanze gegenüber ein großes Maß an Ehrlichkeit angewöhnt. Wenn sie mich zum Beispiel fragt, ob sie in einem Kleid dick aussieht, nehme ich mir kein Blatt mehr vor den Mund. Früher war ich da etwas diplomatischer, weil ich sie nicht verletzen wollte. Dann stellte ich aber bald fest, dass sie dann andere fragte, bis sie die Antwort hatte, die sie wollte. Sie fragte vor allem dann andere, wenn sie mir anmerkte, dass ich nicht ganz bei der Wahrheit geblieben war, und dafür hat sie ein gutes Gespür. Im Grunde sehe ich meine Aufgabe ja auch darin als ihre Augen zu fungieren. Sähe sie sich im Spiegel, könnte sie etwas Vorteilhafteres anziehen. So ist sie auf mich angewiesen.“

„Ihr Arbeitsverhältnis hat sich demnach ausgeweitet?“

„Ja, ich war nur zu Anfangszeiten ihr Techniker, heute bin ich ihr persönlicher Assistent. Ich übernahm sukzessive immer mehr Aufgaben. Beim Radio selbst nahm ich ihr die Wetter- und Verkehrsansagen ab, die sie während ihrer Sendungszeit immer wieder durchgeben musste. Das war schwierig für sie, weil sie sie ja jeweils auswendig lernen musste. Eine Zeit lang versuchten wir diese so kurz wie möglich zu halten, dann übernahm ich sie. Auch redaktionell brachte ich mich stärker ein, das heißt, ich nahm Einfluss auf die Gestaltung der Sendung. Im Unterscheid zu anderen Menschen, die ein Problem damit haben, wenn sie Kompetenzen abgeben sollen, war das mit Constanze überhaupt nicht problematisch, und das rechne ich ihr hoch an. Constanze hat mich darin immer nur bestärkt. Ich führe das auf ihre souveräne Persönlichkeit zurück. Ich habe in den letzten vierzehn Jahre auch kein einziges Mal erlebt, dass Constanze Rache an irgendjemandem genommen hätte, auch wenn sie der- oder diejenige alles andere als fair ihr gegenüber verhalten hätte. Das ist schon sehr bemerkenswert.“

„Wie sind Sie dann ihr persönlicher Assistent geworden?"

„Das ergab sich damals, als Constanze mit Jenny schwanger war. Ich hatte damals gerade eine Bar in Linz eröffnet und konnte daher auch nicht mehr beim Radio bleiben. Untertags hatte ich jedoch Zeit, und da Constanze dringend jemanden für den Haushalt suchte und wir einander ja gut verstanden, bot ich ihr an das für zwei halbe Tage die Woche zu übernehmen. Daraus ergab sich dann über kurz oder lange der Assistenzjob. Ich werde von Verein *Miteinander* bezahlt, der wiederum vom Sozialministerium bezahlt wird. Wir unterstützen Personen mit Behinderungen, und zwar ausschließlich bei all jenen Tätigkeiten, die sie aufgrund ihrer jeweiligen Behinderung einfach nicht können. Ansonsten arbeiten sie wie Nicht-Behinderte auch, und zwar völlig selbstständig. Das kommt den Staat um einiges billiger, als wenn sämtliche Behinderte arbeitslos wären.

Constanze suchte also um einen solchen Assistenten an – und bekam mich. Für Aufgaben im privaten Bereich bin ich nicht mehr zuständig, ich kümmere mich jetzt vielmehr um ihre Buchhaltung, ihre Steuererklärung, sämtliche Unterlagen und so weiter. Ich unterstütze sie natürlich bei allen beruflichen Angelegenheiten, also auch bei denen abseits vom Radio. Wir haben zum Beispiel Single-Treffen in Diskotheken gemeinsam veranstaltet. Nach der Publikation ihres ersten Buches haben ich sie auf ihrer Lesereise begleitet. Auch das Back-up ihrer Coaching-Tätigkeit erledige ich. Zugleich bin ich natürlich auch noch beim Radio, inzwischen als Moderator. Die persönliche Assistenz ist also nicht mein Hauptberuf.

In allen Bereichen arbeite ich mit Constanze sehr harmonisch zusammen – und wenn es einem zu Reibereien kommt, leisten wir uns einen Coach! Da hat Constanze ja Erfahrung damit."

Ein Tag im Leben von …

Für sehende Menschen ist es schwer vorstellbar, wie wir Blinde die praktischen Dinge des Lebens bewältigen. Das beginnt schon bei einem ganz normalen Alltag, deshalb möchte ich hier festhalten, wie sich ein solcher für mich gestaltet.

Ich lasse mich von meinem Lieblingslied auf *YouTube* wecken. Die variieren natürlich je nach Stimmung und Lebenslage. In jedem Fall ist es aber schön, den Tag mit Musik zu beginnen. Als auditiver Mensch ist mir Musik natürlich besonders wichtig.

Dann gehe ich ins Bad um Zähne zu putzen etc. wie jeder andere Mensch auch. Unabdingbar für mich ist, dass sich die Dinge, die ich dazu benötige, immer auf demselben Platz befinden. Ich weiß, wo sich die Zahnbürste und wo sich die Zahnpasta befindet. Wenn ich sie benutzt habe, stelle ich sie an genau denselben Platz wieder zurück. Ordnung ist für mich das oberste Gebot – in allen Lebenslagen. Chaos kann ich mir zumindest in praktischen Belangen definitiv nicht leisten.

Dann muss ich mich natürlich anziehen. Meine Sachen sind in einem Kasten aufbewahrt, der sehr gut gegliedert ist und mir so die Möglichkeit bietet, gewissermaßen mit einem

Handgriff herauszunehmen, wonach mir gerade der Sinn steht. Die Hosen haben ihren Platz, die Röcke, die T-Shirts und so weiter. Um zu vermeiden, dass ich farbenfroher als gewollt herumlaufe – ich will mich ja nicht blamieren –, habe ich von vornherein nur Sachen, die zusammenpassen, also kombinierbar sind. Bei Einteilern, Kleidern und Jumpsuits etwa stellt sich die Frage gar nicht. Darum habe ich auch so viele davon.

Die dominierende Farbe in meinem Kasten ist das, was sehende Menschen „schwarz" nennen. Man sagt mir, das sei modisch und passe überall dazu. Mittlerweile gibt es auch Stifte, die man an ein Kleidungsstück halten kann und die dann jeweils die Farbe sagen. Mein blinder Ex-Mann hatte so einen. Ich bevorzuge es nur Sachen zu haben, die sich farblich nicht schlagen.

Ob Farben zusammenpassen, weiß ich gewissermaßen aus konventionellen Gründen, die man mir mitgeteilt hat. Ich selbst habe ja kein Konzept von dem, was Farbe überhaupt sein soll. Für mich sind das lediglich Vokabel – Vokabel, die ich auch benutze, die für mich in gewissem Sinne aber bedeutungslos sind. Ich weiß, dass sehende Menschen, um ein Beispiel zu nennen, die Farbe Rot mit Rosen, dem Feuer, der Liebe, aber auch mit dem Zorn verbinden. Wie die Farbe Rot jedoch aussieht, weiß ich natürlich nicht. Ich habe sie ja noch nie gesehen. Ich weiß lediglich, was nicht-blinde Menschen damit assoziieren.

Was meine Frisur angeht, habe ich mich vor langer Zeit schon für meine Braids entschieden. Das ist eine Flechtfrisur, die aus vielen kleinen Zöpfen besteht und mit einer dreisträhnigen Flechttechnik geflochten wird. Zum einen ist das praktisch, weil nicht besonders pflegebedürftig, wenn die Braids einmal geflochten sind, zum anderen kann ich so kaschieren, dass ich von Natur aus kein sehr dichtes Haar habe. Mein eigenes Haar ist hier um eingeflochtenes Kunsthaar ergänzt. Hinzu kommt, dass die Frisur modern und auffällig ist und so vielleicht ein wenig davon ablenkt, dass ich blind bin – und das gefällt mir.

Wenn ich fertig gekleidet bin, gehe ich mit Calimero ein wenig spazieren. Große Runden mache ich in der Früh zumeist nicht. Calimero begleitet mich untertags dann ohnehin überall hin, er hat also genug Bewegung. In der Früh schaue ich lediglich, dass er sein Geschäft erledigen kann. Vor unserem Wohnhaus gibt es einen Grünstreifen, dorthin gehen wir dann zumeist. Ich kann, das gebe ich offen zu, nicht wegräumen, was er hinterlassen hat. Das liegt schlicht daran, dass ich es ja nicht sehe. Leider passiert es immer wieder, dass mich Menschen deshalb regelrecht anpöbeln. Das verstehe ich eigentlich nicht, es muss für sie ja evident sein, dass ich blind bin. Gelegentlich kommt es auch vor, dass sie sich dann doch bei mir entschuldigen. Gelegentlich, jedoch nicht oft.

Wenn wir wieder zuhause sind, versorge ich Calimero und die beiden Katzen. Sie bekommen dann Wasser und Futter. Da das Futter in unterschiedlichen Behältern abgepackt ist, die Dosen verschieden groß sind, kommt es da zu keinen Verwechslungen. Dann reinige ich die Katzenkiste, auch dazu brauche ich keine Augen, ich habe ja Hände.

Wenn meine Tiere versorgt sind, setzte ich mich zum Frühstück, das im Normalfall nicht besonders üppig ausfällt. Im Grunde reichen mir ein Smoothie und ein Müsliriegel. Kaffee darf natürlich auch nicht fehlen. Ich besitze eine Nespresso-Maschine. Die Kapseln, die ich dazu benötige, sind an der Küchenwand unmittelbar hinter der Kaffeemaschine in einer kreisförmigen Applikation angebracht, die unterschiedlich große Ringen hat, in denen wiederum die verschiedenfärbigen Kapseln untergebracht sind. So kann ich ertasten, welche Kapsel sich wo befindet. Diejenigen mit stärkerem Kaffee sind weiter außen, die mit schwächerem weiter innen.

Einkaufen zu gehen – und auch das gehört zu meiner Aufgabe als Mutter – ist für mich leider beinahe ein Ding der Unmöglichkeit. Natürlich würde mich Calimero zu jedem x-beliebigen Supermarkt bringen und davor auch geduldig auf mich warten, ich weiß nur nicht, wo sich im Laden die Dinge befinden, die ich brauche. Schließlich kann ich ja nicht alles angreifen, abtasten oder daran riechen. Außerdem riechen Dosen mit Erbsen genauso wie Dosen mit Bohnen oder passierten Tomaten. In den Geschäften in meiner unmittelbaren Umgebung bin ich inzwischen bekannt. Da findet sich jeweils eine nette Angestellte, die mir in den Einkaufswagen tut, worum ich sie bitte. Leider kommt es in Supermärkten, die ich weniger oft frequentiere, aber auch immer wieder vor, dass man mir die Hilfestellung verweigert. Viele Menschen sind einfach überfordert mit ihrer Tätigkeit oder leiden unter Stress. Das gilt auch für Angestellte eines Supermarkts. Ich werde dann gelegentlich sogar aufgefordert, mit einem Freund oder Verwandten wiederzukommen, der mir dann ja helfen könne. Ich versuche, das dann nicht persönlich zu nehmen, sondern mich in die Lage desjenigen zu versetzen, der mir da gerade so unwirsch begegnet ist. Wahrscheinlich hat er ja gerade wirklich sehr viel zu tun. Immer wieder gibt es dann jedoch auch freundliche Menschen, die selbst gerade dabei sind, ihre Einkäufe zu erledigen und mir in solchen Situationen ihre Hilfe anbieten.

Als Regel gilt für mich: Umso kleiner das Geschäft, desto leichter tue ich mir. In einer Greißlerei beispielsweise oder auch bei einem Bäcker oder Fleischhacker habe ich gar kein Problem. Da betrete ich das Geschäft und bestelle, worauf ich gerade Lust habe. Und im Normalfall gehe ich ohnehin lieber mit einer Freundin zusammen einkaufen. Das gibt uns dann auch die Gelegenheit, uns ein wenig auszutauschen – in einem gemütlichen Kaffeehaus etwa. Schließlich gibt es immer etwas zu erzählen.

Natürlich kann ich mir die Dinge auch direkt ins Haus liefern lassen. Das macht aber weniger Spaß!

Was wir übrigens schon am Blindeninstitut gelernt haben, ist der Umgang mit Geld. Ich werde immer wieder gefragt, ob ich in der Lage bin zu beurteilen, welcher Geldschein welcher ist und welche Münzen welche, oder ob es vielmehr nicht ein Leichtes sei, mich zu betrügen. Alle jene, die das versuchen, werden schnell herausfinden, dass wir Blinde sehr wohl unterscheiden zwischen den verschiedenen Scheinen können – sie sind unterschiedlich breit – und Münzen. Banal gesagt, sind fünfzig Cents größer und schwerer als zwanzig Cent. Bei all diesen Dingen ist es jedoch so, dass sie mir ein enormes Fokussiert-Sein abverlangen. Wenn ich mich nicht konzentriere, also nicht aufpasse – und das kommt natürlich vor –, kann es schon passieren, dass ich auch einmal weniger zurückbekomme, als dem tatsächlichen Wert entsprechen würde.

Weniger problematisch als das Einkaufen ist das Kochen für mich. Ich koche übrigens leidenschaftlich gerne! Meine Küche ist natürlich blindengerecht ausgestattet. Die Waschmaschine, die Geschirrspülmaschine und der Herd sind mit Punkten beklebt, die man fühlen kann und anhand derer ich sie leicht bedienen kann. Die Punkte geben jeweils Aufschluss über die Temperatur, die Art des Waschgangs und so weiter. Meine Küchenwage spricht mit mir. Das heißt, wenn ich etwas darauflege, sagt sie das Gewicht laut und deutlich an.

Auch in der Küche und beim Kochen selbst gilt als oberstes Prinzip: Ordnung ist alles. Die Zutaten, die ich brauche, befinden sich an dem für sie bestimmten Platz. Ich greife nach ihnen und stelle sie dann exakt wieder dorthin. Auch von den Kochtöpfen, dem Geschirr und dem Besteck weiß ich jeweils ganz genau, wo sie sich befinden. Die Temperaturregler auf dem Herd sind mit Knöpfen markiert, anhand derer ich die richtige Temperatur einstellen kann. Der Rest passiert über Hören, Riechen und Schmecken. Gerade um festzustellen, ob ein Gericht gelungen ist, brauche ich ja keine Augen. Ich koste einfach. Unterschiedliche Lebensmittel haben unterschiedliche Garzeiten, die jeweils angegeben sind, beziehungsweise weiß man aus Erfahrung, wie lange Nudeln oder Reis kochen müssen. Ob ein Fleisch durch ist, kann ich – so unglaublich es klingt – hören. Es hört sich beim Braten anders an, wenn es fertig ist. Diesen Trick hat mir ein sehr guter Koch beigebracht. Was die Mengenangaben angeht, verlasse ich mich zumeist auf meine Erfahrung. Inzwischen gibt es aber eben auch Waagen, die extra für blinde oder sehbehinderte Menschen konzipiert sind. Wenn ich nach neuen Rezepten suche, tue ich das über das Internet. Ich lasse sie mir vom Screenreader vorlesen.

Meine Anfänge in der Küche waren nicht immer nur von Erfolg gezeichnet, Ich habe mich wahrscheinlich häufiger als sehende Menschen in die Finger geschnitten oder auch verbrannt, vor allem verbrannt. Übung macht jedoch die Meisterin. Heute bin ich schon viel geschickter. Sicher benötige ich mehr Zeit zum Kochen als andere, ich höre dabei jedoch Musik und genieße es, wenn ich so etwas Praktisches und Kreatives erledigen kann. Das ist ein schöner Ausgleich zu meinen anderen Tätigkeiten, die ja auch eine große intellektuelle Herausforderung bedeuten.

Ganz wichtig ist es für mich, dass ich, sobald ich in der Küche etwas aus der Verpackung genommen habe, diese, wenn sie noch nicht leer ist, an den Ort, an dem ich sie aufbewahre, zurückstelle oder im anderen Fall sofort wegschmeiße. Ich trenne den Müll auch, wie es in Österreich ja Gottseidank üblich ist. Das hat zum Vorteil, dass meine Küche immer aufgeräumt und sauber ist.

Auch beim Kochen und Essen ist es so, dass die anderen Sinne den nicht vorhandenen Sehsinn kompensieren. Essen ist vor allem ja auch ein Geschmackserlebnis und kein optisches. „Die Augen essen mit", heißt es irgendwo. Bei mir nicht, und das macht mir auch nichts aus. Studien haben übrigens ergeben, dass nicht nur die Augen, sondern auch die Ohren „mit essen". Klänge erzeugen emotionale Wirkungen. Das weiß man schon länger und hat es sich nicht nur in der Filmbranche oder im Theater nutzbar gemacht, sondern auch zu Werbezwecken. Sogenannte Sounddesigners – früher hießen sie Geräuschemacher – arbeiten unter anderem daran, dass etwa Chips oder Cornflakes ein knuspriges Krachen im Mund erzeugen, weil das in uns ein Wohlgefühl hervorruft.

Ich bin nicht nur eine leidenschaftliche Köchin, ich esse auch leidenschaftlich gerne und liebe es, etwas Neues auszuprobieren. Es macht mir besonders große Freude, für meine Lieben zu kochen, für meinen Partner und für meine Kinder. Es gibt nichts Schöneres als mit ihnen um den gedeckten Tisch zu sitzen und einfach zu genießen. Beim Abräumen helfen mir dann meine Kinder. Es ist nicht so, dass ich das nicht auch selbst könnte. Es geht jedoch viel schneller, wenn wir den Geschirrspüler gemeinsam füllen – und lustiger ist es auch.

Ich fühle mich wohl in meiner Wohnung. Hier ist alles an seinem Platz und funktionell. Oft werde ich gefragt, ob ich mich in der großen weiten Welt da draußen bisweilen verloren oder sogar bedroht fühle, jedoch auch das kann ich verneinen. Ich antworte dann stets: „Es gibt Fliegen, die suchen nach Dreck. Es gibt jedoch auch Bienen, und die suchen nach Honig. Ich bin eine Biene." Ich bin überzeugt davon, dass die Welt ein guter Ort ist, und ich bin auch überzeugt davon, dass die meisten Menschen im Kern gut sind und nicht von Natur aus kriminell. Mir jedenfalls begegnet man zumeist sehr freundlich und hilfsbereit. Als Blinde habe ich natürlich auch eine Art Sonderstatus, selbst von Natur aus aggressive Menschen haben mir gegenüber eine Art Beißhemmung und kehren ihre besten Seiten hervor. Man attackiert blinde Menschen einfach nicht. Das widerspricht jeder konventionellen Moralvorstellung. Im Gegenteil. Man hat Respekt vor Menschen mit Behinderungen, umso mehr natürlich, wenn sie dann auch noch gepflegt sind und ein ansprechendes Äußeres haben.

Man erweckt als Blinde natürlich auch großes Interesse bei seinen Mitmenschen, seien sie nun bekannt oder unbekannt. Naturgemäß halten sie das Blindsein für ein tragisches Schicksal, wenn man sie dann jedoch auf die vielen Vorteile aufmerksam macht, entstehen oft wirklich spannende Gespräche. Auch durch meinen Hund, der mich ja überall hinbegleitet, werde ich übrigens in viele Gespräche verwickelt. Darin sehe ich für mich auch eine Chance, neue Leute kennenzulernen. Ich habe es letztendlich dann ja in der Hand zu entscheiden, ob ich den Kontakt halten möchte oder nicht. Ich weiß, dass ich in der Beziehung vielleicht vielen Blinden etwas voraushabe. Ich bin sehr selbstbewusst, was wohl ein Ergebnis meiner Erziehung ist, und ich bin ein sehr offenherziger Mensch und es noch dazu gewohnt mit vielen Menschen in Kontakt zu stehen, schon von meinem Beruf her.

Ich habe mir in jedem Fall im Laufe der Jahre ein großes und gut funktionierendes Netzwerk aufgebaut, auf das ich mich verlassen kann, etwa auch, wenn ich mich an Orte bewege, die mir noch unbekannt oder fremd sind. Dazu gehören Familienmitglieder – mein Partner und meine Kinder –, ferner Freunde und Bekannte. Auf beruflichen Wegen habe ich stets Dominik, meinen Assistenten, an meiner Seite. Ich empfinde das nicht als Einengung, sondern als große Bereicherung. Schließlich bin ich ein sehr kontaktfreudiger Mensch. Für mich wäre es wohl wesentlich schlimmer taub zu sein, weil da, stelle ich mir zumindest vor, die soziale Komponente weitgehend wegfällt, und auf die lege ich großen Wert. Sie macht mein Leben aus, privat wie beruflich.

Es gibt viele Dinge, die zu einem ganz normalen Alltag sehender Menschen gehören und die ich begreiflicherweise nicht kann – Auto fahren zum Beispiel. Ich empfinde das jedoch gar nicht als Nachteil. Ist es nicht schön, wenn man nicht alles selbst machen muss? Ich lasse mich fahren und fühle mich privilegiert dadurch. Taxi zu fahren ist auch nicht so teuer, wie man meint. Ich könnte über einen sehr langen Zeitraum täglich mit dem Taxi fahren, was ich natürlich nicht tue – und es käme mich billiger als die Anschaffung eines eigenen Autos. Erstaunlich, aber wahr ist, dass mich manche TaxifahrerInnen nicht mitnehmen wollen. Sie reden sich dann zumeist auf meinen Hund aus, sie hätten einen Hundehaar-Allergie, sie wollten das Auto danach nicht reinigen und so weiter. Es nützt dann oft auch nichts, wenn ich ihnen erkläre, dass ein Königspudel gar keine Haare verliert wie andere Hunde. Seine Haare wachsen, fallen aber nicht aus. Auch damit kann ich die TaxifahrerInnen oft nicht überzeugen. Ich habe mich daran gewöhnt, dass es solche und solche Menschen gibt, und nicht jeder zu jederzeit einem Blinden helfen möchte. Sie werden ihre Gründe haben. Ich habe für mich gelernt, so etwas nicht persönlich zu nehmen.

Neben der allgemeinen Lebensbewältigung im praktischen Bereich, die mir gut gelingt, gelegentlich aber mit Hürden verbunden sind, die es zu überwinden gilt, habe ich nicht nur einen Job, sondern drei, die ich auch noch an so einem ganz normalen Tag unterbringen muss. In Kombination mit meiner Rolle als Mutter wirft das oft Probleme auf, die auch sehende Mütter nachvollziehen können, in meinem besonderen Fall vielleicht eines größeren Maßes an Flexibilität bedürfen. Besonders unangenehm ist es für mich etwa, wenn Lebensumstände es erforderlich machen, von den gewohnten und eingespielten Bahnen abzuweichen, etwa wenn eines meiner Kinder krank ist und besonderer Fürsorge bedarf. Abgesehen von der Sorge, die man um das Wohlergehen eines kranken Kindes hat, sind es dann die außertourlichen Anforderungen, die zu bewältigen sind: Krankenkost, Arzttermine … Wo war doch gleich der Kamillentee? Täglich hat man den ja auch nicht in der Hand, und so weiter. Wenn ich an einem solchen Tag dann auch noch zehn KlientInnen habe, die viel Aufmerksamkeit brauchen, komme ich schon gelegentlich an meine Grenzen. Ich will mich nicht beklagen. Es ist wunderschön, privat wie beruflich so gefordert zu sein und aus der Fülle leben zu können, das bedeutet jedoch nicht, dass das auch immer leicht ist, gerade für blinde Menschen nicht.
Meine Jobs sind jedoch ein anderes Kapitel (Seite 105 ff) …

Sport und Freizeitbeschäftigungen

Können blinde Menschen Sport betreiben? Diese Frage höre ich immer wieder. Ja, natürlich. Warum denn auch nicht? Natürlich gibt es Sportarten, die sich besser eignen als andere. Und dann gehen auch Blinde unterschiedlich damit um. Es gibt sicher einige, die da einen größeren Ehrgeiz entwickelt haben als ich. Sportarten, die für mich mit Gefahren verbunden sind, übe ich nicht aus. Dazu gehört etwa das Bergsteigen. Dass macht mir Stress. Ich habe zwar naturgemäß keine Höhenangst, die reale Gefahr abzustürzen, besteht jedoch trotzdem, und der setze ich mich nicht freiwillig aus. Ich spreche da nur für mich. Ich weiß von einem Osttiroler, der blind ist und den Mount Everest erklommen hat. Das bewundere ich sehr, ich verspüre jedoch keinen Drang, es ihm gleichzutun. Ein einziges Mal hat Mike, mein Partner, der ja Tiroler ist, versucht mit mir in die Berge zu gehen – und das ist kläglich gescheitert. Es macht mir Angst und stellt für mich auch aus anderen Gründen, die für Nicht-Blinde relevant sind, keinen Anreiz dar – ein Panoramablick zum Beispiel.

Ähnlich verhält es sich mit dem Skifahren. Auch das macht mir keinen Spaß. Ich weiß, dass es auch in dieser Disziplin andere Blinde gibt, die Freude daran haben. Für mich ist es jedenfalls nichts. Die Gefahr zu verunfallen vermeide ich konsequent. Ich möchte mich in meiner Freizeit primär erholen und bin nicht auf der Suche nach einem zusätzlichen Kick. Mein Leben ist auch so schon spannend genug und auch nicht arm an Herausforderungen. Das Spiel mit der Gefahr oder der Grenzgang ist nichts, das ich suche. Es reizt mich einfach nicht.

Ich halte es für möglich, dass ich beim Bungee-Jumping oder beim Fallschirmspringen weniger Angst hätte als sehende Menschen, da ich ja nicht abschätzen kann, wie weit die Erde entfernt ist, dennoch reizt es mich nicht besonders.

Zugleich hat dieses Ins-Nichts-Treten auch etwas sehr Beunruhigendes für mich. Ich erinnere mich an ein Taucherlebnis in der Dominikanisches Republik. Zusammen mit einer Tauchlehrerin dort, wollte ich die Tiefen des Meeres erkunden. Dazu mussten wir natürlich zuerst einmal aus dem Boot ins Wasser springen, und das war mit einer großen Angst für mich verbunden. Obwohl der Bootsrand nicht hoch über dem Wasserspiegel lag, getraute ich mich lange nicht zu springen. Es war unbekanntes Terrain für mich, Terrain, das ich nicht einschätzen konnte. Irgendwann schaffte ich es dann doch – auf Zureden meiner Tauchlehrerin hin, die mir erklärte, dass ich ja gar nicht wirklich springen, sondern vielmehr lediglich hineingleiten müsste. Aber woher hätte ich das wissen sollen? Das Taucherlebnis selbst war unvergleichlich schön. Meine Lehrerin nahm mich an der Hand und ließ mich die Wunder des Meeres ertasten. Korallenriffe zeigte sie mir, Schwämme und Steine. Das war ein ungeheuer eindrucksvolles Erlebnis für mich. Angst, dass ich unter Wasser die Orientierung verlieren würde, hatte ich aufgrund des Körperkontakts zu der Tauchlehrerin nie.

Ich bewege mich sehr gerne, ja, ich lege sogar großen Wert auf regelmäßigen Sport, schon weil es mir körperlich sehr guttut. Da es ja aus nachvollziehbaren Gründen für mich nicht ganz so einfach ist, laufen zu gehen – obwohl, ich habe mir vorgenommen, nächste Saison am Linz-Marathon teilzunehmen –, habe ich mir ein Trampolin zugelegt, auf dem ich regelmäßig trainiere. Wenn ich mehr Zeit habe, gehe ich ins Fitnessstudio. Calimero begleitet mich dorthin. Er liegt dort auf seinem Platz und fragt sich wohl, weshalb ich mir das eigentlich antue. Im Fitnessstudio habe ich einen Personal Trainer, der meine Trainingseinheiten zusammenstellt und mir auch ein wenig bei der Bedienung der Sportgeräte hilft. Das ist gewissermaßen ein Luxus, den ich aber gerne in Anspruch nehme. Ich habe kein Problem damit, Hilfe anzunehmen.

Auch beim Sport ist es so, dass es mir ein gewisses Maß an Flexibilität abverlangt. Mike, der selbst sehr sportlich ist, und ich konzentrieren uns auch Dinge, die uns beiden Freude bereiten, zugleich aber auch für mich leicht machbar sind. Ich kann naturgemäß nicht alleine Rad fahren, Tandem zu fahren funktioniert jedoch wunderbar. Mikes Augen sind dann gewissermaßen meine Augen. Er sitzt vor mir und lenkt, ich sitze hinter ihm und lasse mich von ihm führen. Wir sind auch, was das betrifft, inzwischen ein eingespieltes Team. Ich vertraue ihm voll und ganz. Schnelligkeit ist zudem etwas, das ich sehr genieße, wenn sie mich nicht gefährdet. Gelegentlich legen wir dann Pausen ein, an Orten, die uns beiden gefallen.

Auch schwimmen gehen wir gemeinsam. Ich würde allein nie ins Meer hinausschwimmen, auch nicht in einen See, wenn Mike jedoch neben mir herschwimmt, erlebe ich das als wunderschön. Ich halte den Kopf dabei übrigens immer über Wasser, tauche also nicht unter, weil es mir wichtig ist zu hören, was rund um mich geschieht. Ich möchte wissen, ob andere Menschen in der Nähe sind oder vielleicht sogar ein Boot, das eventuell auf mich zukommt und mich gefährden könnte. Im Grunde kann ich, wenn ich nicht zu weit hinausschwimme, so auch hören, wo sich die Wellen am Steg oder an der Ufermauer brechen, und mich so ein wenig orientieren.

Sehr gerne gehe ich auch spazieren, zumeist mit einer Freundin oder meinem Partner. Da ist dann auch immer mein Hund dabei. Gehen ist einfach etwas Wunderschönes. Es macht den Kopf frei und bietet Gelegenheit zu langen Gesprächen.

So wenig, wie sich Menschen vorstellen können, dass ich Sport betreibe, können sie nachvollziehen, dass ich gerne Ausstellungen besuche. Mike und ich machen das jedoch regelmäßig. Ich mag schon die Atmosphäre eines Museums und ich höre Mike gerne zu, wenn er mir Kunstwerke beschreibt. Es interessiert mich dabei vor allem, was das Betrachten eines Kunstwerks mit einem Nicht-Blinden macht. Ich will für mich begreifen können, was visuelle Schönheit auslöst, wenn man sie rezipiert. Besonders gerne gehe ich in Freiluftmuseen. Die sind insgesamt haptischer, weil man da ja auch Gebäude betreten und Dinge anfassen kann.

Ich besuche auch gerne Konzerte. Naturgemäß ist das Erlebnis dort ein sehr intensiveres für für mich als der Besuch eines Museums. Nie würde ich alleine ein Konzert besuchen, das wäre mir zu kompliziert. Allein die vielen Menschen unter denen ich mich dann zurechtfinden müsste, und meinen Platz würde ich auch nicht so ohne Weiteres finden. Jedoch welcher Sehende geht alleine? Man will das Erlebnis doch mit Freunden teilen.

Zu einer meiner Lieblingsbeschäftigungen in meiner Freizeit gehört es sicherlich auch mit meinem Partner in einem Kaffeehaus zu sitzen und ihm dabei zuzuhören, wenn er mir die Leute, die vorübergehen, beschreibt. Ich habe dann das Gefühl, ein wenig in die Welt der Sehenden einzutauchen, weil ich durch die Beschreibung Anteil daran bekomme. Ich versuche mir die Bilder dabei gewissermaßen zu transkribieren, zu übersetzen, um auf meine Art zu sehen, was ich da erzählt bekomme.

Ich hör', ich hör', was Du nicht hörst – Blinden zum Sehen verhelfen

Ich arbeite, wie bereits erwähnt, zurzeit in drei verschiedenen Jobs, und das sehr erfolgreich. Mein Erfolgsgeheimnis? Ich bin blind.

Als äußerst kontaktfreudiger Mensch musste ich mir aufgrund meiner Sehbehinderung von Anfang an eine Strategie überlegen, um an Menschen heranzukommen. Auf sie zuzugehen – im wortwörtlichen Sinne – konnte ich ja nicht, also musste ich mir etwas anderes einfallen lassen. Das hatte ich schließlich schon während meiner Gymnasialzeit praktiziert. Sehen war keine Option für mich, hören und zuhören jedoch allemal, und wenn man ein offenes Ohr für Menschen und ihre Anliegen hat, vertrauen sie einem so einiges an. Das heißt, man erfährt auch so einiges von ihnen. Im Laufe der Zeit eignete ich mir so ein Wissen an, das auf empirischer Erfahrung beruhte. Den theoretischen Unterbau bekam ich dann im Zuge meiner diversen Ausbildungen dazu geliefert.

Ich denke, dass ich ein sehr empathischer Mensch bin und eine Gabe dafür habe, auf Menschen einzugehen und ihnen dann in einem weiteren Schritt kreative Lösungsvorschläge anzubieten. Oft ist das Naheliegende so fern! Hört man genau hin, eröffnen sich Wege wie von selbst. Im

Grunde hat mir diese Veranlagung, die zu guter Letzt auf meiner Unfähigkeit zu sehen beruht, meinen Weg zu einer erfolgreichen Karriere geebnet.

Blind Date – meine Karriere beim Radio

Das Geheimnis jedes geglückten Lebens liegt wohl darin, aus seinen Anlagen das Beste zu machen. Als Kunsthändlerin oder als Leiterin einer Galerie hätte ich mich, um es anschaulich zu formulieren, mit Sicherheit nicht durchgesetzt, im Radio hingegen war es ein Leichtes für mich. Dazu brachte ich alle Voraussetzungen mit.

So bewarb ich im Jahr 1996, ich war damals gerade 23 Jahre alt, für einen Job beim Ö3-Hörerservice. Von einem Bekannten hatte ich in Erfahrung gebracht, dass dort Leute gesucht wurden. Ich weiß noch, wie aufgeregt ich war, als ich die Jobzusage bekam, und ich machte diesen Job dann auch wirklich gerne. Ich liebte ihn geradezu.

Ich war als Telefonistin angestellt und für Wünsche, Anregungen und Beschwerden der Ö3-HörerInnen zuständig. Leute riefen bei mir an und erkundigten sich nach Liedern, beschwerten sich über ModeratorInnen oder über das Wetter. Zumeist waren es eigentlich Beschwerden. Aufgrund der Erfahrungen, die ich bisher im zwischenmenschlichen Bereich gemacht hatte, handhabe ich den Job vielleicht ein wenig anders als meine Kolleginnen und Kollegen. Ich setzte mir zum Ziel, sie, bevor sie auflegten, zum Lachen zu bringen oder ihnen sonst eine positive Rückmeldung zu entlocken, etwa ein: „Danke für das großartige Gespräch. Sie haben mir sehr geholfen." Wenn zum Beispiel jemand anrief, um sich darüber zu beschweren, dass das Wetter nicht annähernd so schön war, wie Ö3 es prognostiziert hatte, versuchte ich zuerst einmal, mich in seine Situation zu versetzen und seinen Frust zu verstehen. Das machte für mich mehr Sinn, als ihm vorzuschlagen – und das vielleicht auch noch in einem pappigen Ton –, sich bei der Hohen Warte zu beschweren und nicht bei uns. Ein solches Gespräch verlief dann beispielsweise so:

„Guten Tag! Ich wollte mich bei Ihnen beschweren. Sie haben Schönwetter angesagt, und jetzt regnet es. Das ist eine unglaubliche Frechheit. Können Sie mir bitte sagen, was ich jetzt mit meinem Grillfleisch machen soll?"

„Guten Tag! So etwas Blödes! Ich verstehe genau, wie Sie sich fühlen! Mir geht es ganz ähnlich wie Ihnen, ich habe mich auch schon so auf die Grillparty bei meiner Freundin gefreut, und nun schüttet es wie aus Eimern. Ich mache Ihnen einen anderen Vorschlag: Kennen Sie den neuen Blockbuster schon, der gerade eben im Kino angelaufen ist? Das soll eine ganz fantastische Komödie sein. Lachen Sie gerne?"

„Das ist ja eine großartige Idee! Vielen Dank! Sie haben uns das Wochenende gerettet! Das Grillfleisch kann ich ja auch einfrieren."

So oder so ähnlich ging ich vor. Ich wusste instinktiv, dass der Stress im Grunde stets bei demjenigen lag, der sich beschwerte, und nicht bei mir. Ich holte ihn, kurz gesagt, von dort ab, wo er sich befand, und bot ihm eine Alternativen an, auf die er womöglich noch nicht gekommen war. Oft kann man Enttäuschungen – und etwas anderes ist es ja meistens nicht, was eine Beschwerde hervorruft – auf diesem Weg begegnen. Man muss einfach kreative Musterunterbrecher und überraschende Antworten parat haben, und um die war ich selten verlegen.

Damals entschied ich mich dann auch für eine Ausbildung zum *Internet* und *Radio Publisher*, die an der Wiener Volkshochschule angeboten wurde und ein dreimonatiges Praktikum bei der BBC in London inkludierte. Das war extrem spannend für mich. Ich fand London damals zwar furchtbar, das Praktikum gefiel mir jedoch. Ich erlernte bei der BBC das Handwerkszeug, das bis heute Grundlage meines Arbeitens ist, einen großartigen objektiven Journalismus. Ich durfte damals sogar *on air*, wie es so schön heißt. Grund dafür war, dass ich ausgezeichnet Englisch spreche, was wohl wiederum auf meine hohe Musikalität zurückzuführen ist. Zu meiner Aufgabe gehörte es bald, VIPs zu interviewen, Schauspieler oder auch den britischen Landwirtschaftsminister. Meine Instrumente sind – neben Klavier und Flöte –, vor allem meine Stimmbänder. Ich singe sehr gut und sehr gerne und ich kann meine Stimme auch als Sprecherin beim Radio sehr gut einsetzen. Es wird jedenfalls kolportiert, dass sie inzwischen in ganz Oberösterreich bekannt sei.

In London verliebte ich mich damals in einen meiner Kollegen aus Deutschland, der ebenfalls blind war, und zog später zu ihm nach Hamburg. Dort machte ich ein Praktikum bei *Magic FM*, einem Radiosender, den es heute allerdings nicht mehr gibt. Zu meiner Aufgabe gehörte es unter anderem wieder sämtliche Stars aus dem In- und Ausland zu interviewen. Ausschlaggebend dafür waren ebenfalls meine exzellenten Englischkenntnisse. Bei *Magic FM* machte ich zusätzlich auch ein wenig Telefonservice im Call-Center des Senders, schon weil ich das ohnehin so gerne tat. Da war ich inzwischen ja mit allen Wassern gewaschen.

Die Partnerschaft erwies sich allerding schon bald als nicht für die Ewigkeit bestimmt – was ist das schon? –, weil jener Hamburger, wie sich bald herausstellte, ein massives Alkoholproblem hatte. Aufgeben wollte ich meinen Job dort jedoch auch nicht so schnell, also nahm ich mir eine Wohnung in Hamburg. Das ging eine Weile ganz gut, eines Tages stand jedoch mein Bruder vor der Tür und nötigte mich mehr oder weniger dazu wieder zurück nachhause zu kommen, wofür ich ihm eigentlich heute noch dankbar bin. Immerhin war ich doch ziemlich alleine in der fremden Stadt gewesen.

Zurück in Österreich, man schrieb inzwischen das Jahr 1998, bewarb ich mich bei sämtlichen Privatradios, die damals ja ungeheuer boomten – nachdem das Rundfunk-Monopol des ORF gefallen war, gab es die ja nun zuhauf – und bekam eine Absage nach der anderen. Als Grund führte man jeweils meine Blindheit an. Niemand konnte sich vorstellen, dass ich da reüssieren konnte. In meiner Verzweiflung rief ich einen blinden Berliner Radiomacher an und fragte ihn, wie er es geschafft hätte, sich durchzusetzen. Er gab mir den Kontakt zu einem gewissen Stephan Schwenk bei einem Linzer Privatsender, dem *Linzer Cityradio*, der ihn damals bei seiner Jobsuche in Berlin unterstützt hatte. Ich rief dort an – und hatte Glück. Man bot mir tatsächlich einen Job beim Hörerservice an. Ich war überglücklich. Das war es schließlich, worin ich es wirklich zu einer Art Perfektion gebracht hatte. Also zog ich nach Linz, und zwar in ein relativ kleines Zimmer in einer Frauen-WG, das für meine Zwecke aber ausreichend war.

Bald wurde man bei dem Sender auf meine schöne Stimme aufmerksam und bot mir einen Job als Moderatorin an. Ich lehnte mit der Begründung ab, dass ich mich ja ungeheuer gerne mit Menschen unterhielte und das als Moderatorin nicht mehr möglich sei. „Du kannst ja mit Leuten sprechen und zugleich moderieren", ließ mich mein Vorgesetzter wissen. Das war die Geburtsstunde meiner Talkshow, die ich nun unter verschiedenen Namen seit mehr als zwanzig Jahren erfolgreich leite. Ein übergreifendes Thema brauchten wir noch. „Sex", schlug mir Stefan, so hieß mein Vorgesetzter, vor, und ich war fassungslos. Wie um alles in der Welt sollte ich im Radio mit Leuten über Sex reden? „Jeder hat irgendein Problem mit Sex", meinte Stefan, „oder will zumindest etwas darüber hören. Stelle dir einmal vor, ich bin dein Freund, du bist sehr verliebt in mich", sagte Stefan und fuhr fort: „Nun tue so, als würdest du mir ein ganz großes Geheimnis verraten wollen, etwas, das ich schon immer wissen wollte. Wie würdest du das machen?" Ich begann also zu erzählen und währenddessen ließ er mir einen eiskalten Tropfen Wasser vom Wasserautomaten in mein Dekolleté fallen. „Es muss prickelnd sein", sagte er, „verstehst du, was ich meine?" Ich verstand.

Im Juni 1998 hatte ich dann meine erste Sendung. Stefan stand hinter mir und sagte mir während der Musikeinspielungen Schritt für Schritt an, was ich tun musste. Ich setzte um, was er sagte – und lernte schnell. Die Sendung hieß übrigens *Die heiße Nacht* und wurde ein Riesenerfolg. Fünfmal die Woche von zwanzig Uhr bis ein Uhr nachts war ich damals on air und unterhielt mich mit Leuten über Liebe und Sex. Alles Mögliche erfuhr ich auf diese Weise und so gut wie jeder kannte meine Sendung, allerdings gaben es nur wenige zu, weil sie doch ein wenig skandalbehaftet war. Unter meinen HörerInnen befand sich schließlich die ganze Bandbreite unterschiedlich sexuell ausgerichteter Menschen – Swinger, Polyamoren, Fetischisten und was es sonst noch so gibt, die mich da coram publico um ihre Meinung fragten. Coram publico, weil sie zumeist vergaßen, dass auch sie on air waren, weil sie so in das Gespräch mit mir vertieft waren.

111

Das war eines meiner Erfolgsgeheimnisse. Sie beklagten sich oft über die Diskriminierung, die sie erlebten. Manchmal ging es auch um diverse Sexpraktiken, zu denen ich gefragt wurde. Und natürlich riefen Leute an, die Liebeskummer hatten. Im Gegensatz zu anderen Kollegen, die für eine Verarbeitungs-, ja für eine Trauerphase plädieren, damit man mit dem Trennungsschmerz fertigwerden kann, riet ich damals schon – und das habe ich auch beibehalten – zu neuen Kontakten, und zwar so schnell wie möglich, sei es über online-Plattformen oder ganz real. Neue Begegnungen bringen neuen Schwung ins Leben. Das war der Beginn meiner Radiokarriere.

Das Format der Sendung war so konzipiert, dass mich Leute anrufen und mit mir über ihre Probleme – heikle und weniger heikle – reden konnten. Auch einen Liebesgruß konnte man im Rahmen meiner Sendung hinterlassen. Wenn niemand anrief, und das kam vor allem am Anfang gelegentlich vor, erfand ich einfach Geschichten, was mir auch großen Spaß bereitete. Ich fungierte auch als Partnervermittlerin, weil HörerInnen hier ihre Telefonnummern hinterlassen konnten, wenn sie jemanden kennenlernen wollten. Ich möchte gar nicht wissen, wie viele Ehen ich damals gestiftet habe.

Auch Gerald, meinen ersten Ehepartner, lernte ich übrigens über das Radio kennen. Er war ein Stammhörer meiner Sendung. Ich hatte mir zum Grundsatz gemacht, nie mit einem Hörer meiner Sendung auszugehen, bei Gerald machte ich jedoch eine Ausnahme. Wir verabredeten uns miteinander, verliebten uns ineinander und heirateten zwei Jahre danach an einem Strand auf Jamaica. Erwähnenswert, weil ein wenig skurril, ist vielleicht unser allererstes Date, weil es in einer gewissen Weise mit meinem Beruf und zugleich auch mit meinem Blindsein zu tun hatte. Gerald holte mich von zu Hause ab, und wir fuhren zusammen in ein Einkaufszentrum in Linz, in die *PlusCity*. Schon als ich in sein Auto einstieg, erklang eines meiner Lieblingslieder, von dem ich ihm einmal im Zuge einer Sendung erzählt hatte. Damit punktete er natürlich sofort bei mir. In dem Einkaufszentrum angekommen, bat ich ihn, mit mir in einen Sexshop zu gehen, und zwar unter dem Vorwand, dass ich doch Bescheid wissen müsste über all das, worüber ich als Moderatorin so redete. Er stimmte zu. Als wir dann den Laden betraten, tat ich völlig konsterniert und fragte ihn ganz unschuldig, dafür aber für alle Umstehenden hörbar, wo wir denn seien, doch nicht etwa in einem Caféhaus, wie ausgemacht. Wenige Wochen später revanchierte er sich dann bei einem Zoobesuch. Er hielt mich dazu an, ganz leise zu sein, weil da angeblich ein Reh ganz in der Nähe stünde. Er nahm meine Hand um sie auf das vermeintliche Reh zu legen – das dann aber aus Metall war.

Damals wechselte ich dann zu *Life Radio*, einem oberösterreichischen Privatsender, weil man mir dort mehr Geld bot und auch die Reichweite bedeutend größer war. Und bald darauf bekamen wir unser erstes Baby, Tristan, unseren Sohn. Als Tristan geboren worden war, ging dann nicht etwa ich in Karenz, sondern Gerald.

Bei *Life Radio* war ich viermal die Woche *on air*, natürlich immer spät am Abend, um nicht zu sagen in der Nacht – wirklich jugendfrei waren meine Sendungen ja nie –, was mitunter gar nicht einfach war, weil ich ja untertags mein Kind zu versorgen hatte. Meine Show hieß nun übrigens *Rendezvous mit Constanze.* Hier ging es nicht mehr nur um „prickelnde Themen", vielmehr waren die Themen breiter gefächert.

Zu meiner Zielgruppe gehörten dennoch wiederum Menschen, die die Liebe sehr frei praktizierten und auslebten, sich also nicht mit Sex innerhalb des ehelichen Schlafzimmers zufriedengaben. Ich habe sie mehr oder weniger in ihrer Haltung bestätigt, weil ich davon überzeugt bin, dass sexuelle Abenteuer und die sexuelle Freiheit von Randgruppen gelebt werden dürfen, mehr denn je eigentlich, was natürlich nicht heißt, dass man sich nicht vehement gegen den Missbrauch, der unter diesem Deckmantel auch passiert, verwehren soll. Dagegen muss etwas unternommen werden. Insofern habe ich es mir auch zur Aufgabe gemacht, Menschen unter anderem dazu zu verhelfen das Leben zu leben, dass sie leben wollen. Dazu gehören auch die Sexualität und die Beziehungen, die sie leben wollen. Oft geht es in meinen Sendungen um Outings oder Selbstfindungen. Erstaunt bin ich oft darüber wie wenig aufgeklärt die Men-

114

schen im Grunde sind. Sie wissen über die Möglichkeiten, sich selbst und ihrem Partner Lust und Liebe zu schenken, viel zu wenig Bescheid. Nur wenige wissen, wie man eine erfüllte Liebesbeziehung führt, und das Wissen, dass sie haben, beziehen sie aus Ratgebern, die mal besser, mal schlechter sind.

Mein Kater heißt übrigens *Mr. Grey* in Anspielung auf den Roman *Fifty Shades of Grey* der britischen Autorin E. L. James. Dieses Buch hat viel zur Aufklärung beigetragen und dazu geführt, dass viele Menschen, wie man so schön sagt, über ihren Tellerrand schauen. Es ist jedoch keine Anleitung BDSM zu leben.

Ich habe meinen Job beim Radio von Anfang an sehr ernst genommen. Ich war nicht auf Quoten aus, sondern auf Professionalität. Das ist der Grund dafür, weshalb ich dann auch die Ausbildung zur Sexual- und Lebensberaterin bei Rotraud Perner gemacht habe. Schließlich wollte ich ja profunde Hilfe anbieten können. Aus diesem Grund und weil ich ein Feedback brauchte, suchte ich im Internet nach einem blinden Psychologen, von dem ich hoffte, er würde meine Sendungen anhören. Blind sollte er sein, weil ich der festen Überzeugung bin, dass Blinde besser zuhören als Nicht-Blinde, und Psychologe sollte er sein, weil ich für mich wissen wollte, ob, das, was ich da von mir gab, sozusagen Hand und Fuß hatte. Darüber sollte mir jemand der fachkundig war und auch noch den Vorzug hatte blind zu

sein, Auskunft geben. Ich fand ihn gewissermaßen in Perso-
nalunion – und heiratete ihn wenig später. Dieses Mal übrigens in Wien und nicht auf Jamaica. Er ist der Vater meiner
Tochter. Mit der Art und Weise meiner Moderation war er
übrigens auch mehr als einverstanden!

Meine Sendung lief, wie gesagt, viermal die Woche. Zurzeit läuft sie nur einmal, weil ich das für mich so beschlos-
sen habe. Alles andere wäre mir neben meinen anderen Tätigkeiten zu anstrengend.

Hill International

Neben meinem Job als Journalistin bin ich auch in der Firma meines Vaters, *Hill International* tätig, und zwar als Mit-
eigentümerin. Das klingt ein wenig anstrengender als es ist.
Hill International ist, grob gesagt, eine Firma für Personal-
beratung, die auch auf Managementberatung und Organi-
sationsberatung spezialisiert ist. Mein Vater hat sie vor über
vierzig Jahren gegründet. Inzwischen ist *Hill International*
ein Franchise-Unternehmen mit Standorten in über drei-
ßig Ländern, de facto beinahe weltweit. Zu meiner Aufgabe
gehört es, die Marke zu schützen und dafür zu sorgen, dass
unsere Partner alles haben, was sie brauchen. Im Grunde
kann ich das Meiste von zu Hause aus erledigen. Ich bin nur
gelegentlich im Headquarter in Wien. Dort begleitet mich
dann Dominik hin. Einmal im Jahr gibt es ein internatio-

nales Meeting, bei dem wir uns mit unseren Partnern zu-
sammensetzen und Anfälliges besprechen. Auch dorthin
reise ich zumeist mit meinem Assistenten. Bei diesen Meetings gibt es dann Gelegenheit zum Austausch untereinan-
der. Das restliche Jahr über kommuniziere ich mit unseren
Franchise-Partnern via Skype. Ich bin ein Fan der modernen Kommunikationsmöglichkeiten. Sie kommen vor allem auch uns Blinden zugute.

Coaching

Mein dritter Job hat sich gewissermaßen konsequent aus
meiner Beratungstätigkeit, die ich in meiner Radiosendung
ausübe, ergeben. Ich bin seit September 2017 als Coach für
Tony Robbins tätig. Tony Robbins ist ein amerikanischer
Bestsellerautor und Unternehmer. Seine Ursprünge liegen
im NLP-Training. Die Abkürzung NLP steht für neuro-lin-
guistisches Programmieren, das ist, kurz gesagt, eine Vielfalt von Kommunikationstechniken und Methoden, mit
deren Hilfe man psychische Abläufe im Menschen verändern, gewissermaßen neu programmieren kann. Psychische
Vorgänge, die für den jeweiligen Menschen nicht zuträglich
sind, von denen man aber angenommen hat, dass sie sozusagen festgefahren sind, können mit den Methoden des
neuro-linguistischen Programmierens, also vor allem dem
ganz bewussten Einsatz von Sprache, abgeändert werden –

und das führt zu durchschlagenden Erfolgen im beruflichen wie im privaten Bereich.

Die Bücher von Tony Robbins sind in zahllose Sprachen übersetzt worden und er ist einer der anerkanntesten Persönlichkeitstrainer weltweit. Unter anderem war er auch der Berater von Präsident Bill Clinton. Seine *Live Seminare* besuchen Menschen aus der ganzen Welt. Er füllt regelmäßig Hallen, die ein Kontingent von 14 000 HörerInnen haben. Im Grunde ist er der Vater des Coachings überhaupt. In der Weise, in der Fitnesstrainer den Körper trainieren, trainiert er die Seele. Er ist ein Experte darin komplexe Strategien so aufzubereiten, dass diese von buchstäblich jedem Einzelnen sofort zur Verbesserung ihrer Lebensqualität genutzt werden können. Tony Robbins hat ein paar Coaches weltweit, die die Ausbildung bei ihm gemacht haben, angestellt und gibt an sie seine KlientInnen weiter. Ich bin eine von ihnen. Ich betreue so die unterschiedlichsten Menschen von überall her als Telefoncoach. Unter meinen KlientInnen befinden sich nicht nur EuropäerInnen, sondern auch eine ganze Reihe von AmerikanerInnen. Auch hier profitiere ich sehr von meinen Englischkenntnissen.

Ich akquiriere KlientInnen unter anderem direkt bei den Events von Tony Robbins, die regelmäßig auch in Europa, etwa in London oder Rotterdam, stattfinden. Bei solchen Gelegenheiten komme ich mit vielen Menschen ins Gespräch. Im Zuge dessen frage ich sie dann, ob sie diese Art des Coachings schon ausprobiert hätten und biete ihnen dann die ersten Sessions gratis an. Zurzeit habe ich, wie bereits an anderer Stelle erwähnt, 75 KlientInnen, für die ich Tag und Nacht zur Verfügung stehe. Weshalb sie mich so schätzen? Ich denke, dass ich aufgrund meiner Erfahrung und meiner Ausbildung eine sehr klare Sicht auf die Dinge habe – und das, obwohl ich nicht sehen kann. Ich kann Menschen, ohne große Umschweife, also sehr direkt, auf das Wesentliche aufmerksam machen und dadurch auf die Ursache ihres Problems, und ihnen kreative Lösungsvorschläge anbieten, damit sie ihre Situation optimieren können.

Um effektiv helfen zu können muss man wohl selbst einmal in einer Krise gesteckt und einen Weg herausgefunden haben. Das halte ich fast für eine Voraussetzung. Ich selbst bin während einer tiefen Lebenskrise auf Tony Robbins gestoßen. Ohne ihn hätte ich sie nicht so schadlos überstanden. Krisen sind in Wahrheit ja auch die Momente im Leben, zu denen sich entscheidet – das Wort *Krise* leitet sich ja schließlich vom griechischen *krisis* ab, was so viel wie Entscheidung bedeutet –, welchen Weg man einschlagen möchte, einen konstruktiven, der einen weiterbringt, oder einen destruktiven, der zumeist daraus resultiert, dass man sich aus den gegebenen Umständen nicht befreien kann oder möchte, schon weil man sich an sie gewöhnt hat, sie einem also vertraut sind und man keinen Ausweg für sich findet. Dann macht es Sinn, wenn man sich Hilfe von außen holt, einen Coach wie mich zum Beispiel.

Ich persönlich hatte eine profunde Lebenskrise, als meine Tochter Jenny zwei und mein Sohn Tristan sieben Jahre alt waren. Damals befand ich mich in einem Zustand völliger Überforderung: Meine Radioshow hatte ich auf Eis gelegt, weil ich dieses Mal selbst in Karenz gehen wollte, ich wog 25 Kilo mehr als jetzt und wusste überhaupt nicht, wie es weitergehen sollte. Würde mir der Einstieg in das Berufsleben nach der Babypause wieder gelingen oder hatte man mich in der Zwischenzeit vergessen? Fragen über Fragen, die mir den Schlaf raubten. Ich rauchte damals auch viel zu viel und wollte damit aufhören, schon weil es meinen beiden Kindern ein so großes Anliegen war. Tristan hatte mir vor gar nicht allzu langer Zeit sogar einmal weinend eine Zigarettenschachtel aus der Hand geschlagen, weil er in so großer Sorge um mich war. Mein Allgemeinzustand zu dieser Zeit spiegelte sich natürlich auch in meiner Ehe wieder, die Gefahr lief in die Brüche zu gehen. Ich war damals wirklich sehr unglücklich. In Wahrheit wachte ich weinend auf und schlief auch weinend wieder ein – wenn ich überhaupt schlafen konnte.

Wie es der Zufall so wollte, stieß ich im Fernsehen auf einen Werbespot für Tony Robbins, im Zuge dessen jemand beschrieb, dass er es mit Tonys Hilfe schaffte mit dem Rauchen aufzuhören. Ich rauchte damals zumindest eine Schachtel Zigaretten am Tag – wenn nicht mehr – und beschloss, mir das Audioprogramm, dass da beworben wurde, zu bestellen. Es setzte sich aus zehn CDs zusammen, die mir auch prompt ins Haus geliefert wurden. Was ich damals natürlich noch nicht wusste, war, dass Tony Robbins verschiedenste Audioprogramme zu diversen Themen vertrieb. Die besorgte ich mir dann auch.

Ich hörte mir die CDs also der Reihe nach an und setzte Schritt für Schritt um, was da vorgeschlagen wurde. Es war leichter als ich gedacht hatte. Ich kompensierte die Verzichtsposition mit etwas, das mir guttat und mir zugleich Spaß machte und begann mit einem intensiven Krafttraining.

Nach und nach fügten sich auch die anderen Dinge wie von selbst. Bald hatte ich wieder meine gewohnte Figur – ein Resultat des Trainings – und ich bekam auch wieder eine Radiosendung, und zwar bei *Kronehit*, die dieses Mal sogar österreichweit ausgestrahlt wurde. Jeden Dienstag zwischen 22 Uhr und Mitternacht lief sie. Die Sendung trug den schönen Titel *Die Hills-Angels – wir helfen Dir in Sachen Liebe*. Zusätzlich bekam ich auch eine Fernsehsendung auf *Puls 4*, einem österreichischen Privatsender. Neben meiner Ausbildung und meiner Radioerfahrung war es, wie mir mein zukünftiger Chef damals mitteilte, meine starke Persönlichkeit gewesen, die ausschlaggebend dafür gewesen war, dass ich mich im Casting durchsetzen hatte können. Die Sendung hieß *4 für Sie* und ich teilte sie mir zusammen mit drei Kolleginnen. Somit wurde ich zur ersten blinden Fernsehmoderatorin Österreichs! Das hatte übrigens zur Folge, dass ich nun noch mehr Wert auf mein Aussehen legte und weiter Gewicht abnahm. Das Format war so konzipiert, dass man dort anrufen und sich mit uns unterhalten konnte. ZuseherInnen riefen zu den unterschiedlichsten Themen an, auch zu sehr persönlichen. Auch dort war ich also Coach. Das ist das, was ich am liebsten mache und mit Sicherheit auch am besten kann. Ich bin einfach jemand, mit dem man über Probleme reden kann. Ob im Radio, im Fernsehen, bei Hill International oder als Coach, ich verhelfe Blinden zum Sehen – man kann ja auch anders als in körperlicher Hinsicht blind sein. Das halte ich für meine ureigenste Lebensaufgabe.

Da ich Tony Robbins und seinen Anleitungen sehr viel verdankte, wollte ich ihn natürlich mehr über ihn in Erfahrung bringen. Ich sah mir seine Beiträge auf *YouTube* an, studierte immer wieder seine Website und verschlang seine Bücher geradezu. Ich machte ausfindig, dass er auch Coaches ausbildete. Das war es, was ich machen wollte. Da gab es keinen Zweifel für mich. Ich bewarb mich also bei Tony Robbins und bekam tatsächlich einen Ausbildungsplatz. Voraussetzung dafür war, dass ich schon eine gute Ausbildung hatte und bereits als Coach arbeitete, und das war ich ja. Da konnte ich inzwischen auf eine lange und abwechslungsreiche Zeit zurückblicken, sei es im Radio oder im Fernsehen. Ich war eine von 35, die aus einer Gruppe von 356 für die Ausbildung zugelassen wurden. Von den 35 wurden dann wiederum nur zwölf angestellt. Ich war eine davon. Die Zahl der Coaches weltweit liegt im dreistelligen Bereich, ist also nicht besonders hoch. Für mich, die ich im Eigentlichen ein eher unsicherer Mensch bin, hat das einen großen Zuwachs an Selbstsicherheit bedeutet. Tony Robbins-Coach werden zu dürfen, war schon etwas, worauf man stolz sein durfte! Es hat mein Leben verändert. Ich kann endlich zu hundert Prozent ausüben – und zwar auf eine noch profundere Weise als im Radio –, wovon ich in Wahrheit schon als Jugendliche geträumt habe.

Die Ausbildung selbst dauerte drei Monate lang. Zwei Wochen verbrachte ich in Amerika, die restliche Ausbildung verlief dann über Skype. Das Ziel war, Tony Robbins' Strategien zu erlernen. Wir wurden dabei auch selbst gecoacht. Insgesamt war die Ausbildung alles andere als einfach. Wir wurden unter anderem starkem Stress ausgesetzt, weil getestet werden sollte, wie wir reagierten. Unter anderem bekam ich auch ein massives Brett aus Holz mit dem Auftrag, es mit der bloßen Hand zu durchschlagen. Ich konnte mir überhaupt nicht vorstellen, wie das funktionieren sollte, bis es mir schließlich jemand zeigte. Es zu durchschlagen war für mich gewissermaßen der Durchbruch. Nun wusste ich, dass man so gut wie alles erreichen konnte, wenn man nur wollte. Wo ein Wille ist, ist auch ein Weg. Was mir zugutekommt, ist natürlich, dass ich von Natur aus eine sehr willensstarke Person bin. Ich habe das Brett übrigens aufgehoben und bewahre es in meinem Wohnzimmer in Reichweite auf. Es soll mich stets daran erinnern, dass man schaffen kann, was man sich vorgenommen hat, wenn es auch noch so unmöglich erschienen ist. Jedes Mal, wenn ich bei KlientInnen ratlos bin, nehme ich das Brett zur Hand und sage mir vor: „Constanze, du hast dieses Brett mit der bloßen Hand zerschlagen, es wird dir also auch gelingen, das Brett vor dem Kopf deiner Klientin/deines Klienten zu zerschlagen, beziehungsweise wirst du ihr/ihm dabei helfen können, es selbst zu zerschlagen!" Meistens funktioniert das dann auch. Im Übrigen gibt es ja die unterschiedlichsten Bretter …

Das Coaching nach Tony Robbins ist im höchsten Maße ergebnisorientiert. Jeder Anruf, den ich von einer Klientin oder einem Klienten bekomme, führt zu einem Ergebnis. Letzteres muss natürlich im Bereich des Erreichbaren liegen, mit einem Wort realistisch sein. Darauf einigen wir uns gleich zu Beginn des Gespräches. Dann versuchen wir es Schritt für Schritt umzusetzen, wobei auch die einzelnen Schritte von uns gemeinsam festgelegt und genau umrissen werden. Tony Robbins will ganz klar messbare Ergebnisse haben. Wesentlich dabei ist, dass die KlientInnen die einzelnen Schritte auf dem Weg zum Erfolg auch schriftlich festhalten, damit sie ablesen können, was sie bislang erreicht haben. Gerade Menschen in Krisen sind sehr auf das Negative fixiert. Wenn sie jedoch Buch über die sich einstellenden positive Entwicklungen führen, haben sie stets den

Mehrwert vor Augen, und das motiviert dann dazu weiterzumachen.

Zurzeit betreue ich, wie bereits erwähnt, 75 KlientInnen, für die ich Tag und Nacht erreichbar bin. Ich muss diese nicht selbst akquirieren, was ich im Übrigen aber auch zusätzlich mache, sondern bekomme sie direkt von Tony Robbins zugeteilt. Dass die Akquise im Großen und Ganzen aber wegfällt, erleichtert natürlich einiges für mich. Meine KlientInnen rufen mich in einem Abstand von zehn oder vierzehn Tagen an und dann sprechen wir eine halbe bis zu einer dreiviertel Stunde miteinander. Im Prinzip läuft es so ab, dass die KlientInnen sogenannte Pakete kaufen. Das kleinste deckt einen Coaching-Zeitraum von drei Monaten ab, das größte jenen von eineinhalb Jahren. Im Bedarfsfall kann natürlich auch verlängert werden. Im Zuge der Telefonate leuchte ich mehr oder weniger jeden Winkel ihres Lebens aus. Das ist insofern wichtig, als das Problem, das KlientInnen haben, zumeist nur ein Symptom von etwas ganz anderem ist, das so verdeckt ist, dass sie es bislang gar nicht zuordnen konnten.

Um ein Beispiel zu geben: Jemand ruft an, weil er denkt ein Beziehungsproblem zu haben, dabei hat er in Wahrheit ein Problem mit seinem Ärger-Management. Ärger gehört, wie Freude und Angst auch, zu den sogenannten universellen Gefühlen. Anders als etwa Freude tendieren wir dazu Ärger nicht anzunehmen, sondern unterdrücken ihn lieber. Umso stärker er von uns unterdrückt wird, desto vehementer sucht er sich ein Ventil nach außen, und dann kann es zu Problemen kommen, beruflicher wie eben auch privater Natur. Dem versuche ich auf den Grund zu gehen und mit ihm gemeinsam für ihn passende Lösungen zu finden, die sich dann in allen Bereichen positiv auswirken.

Die Devise von Tony Robbins lautet übrigens: *anyone, anywhere, any subject, anytime*, also: *jeder, zu jeder Zeit, an jedem Ort und zu jedem Thema*. Das heißt, man muss stets für seine KlientInnen da sein und sie bei sämtlichen Problemen begleiten. Die Themenbereiche, die man dabei jeweils hinterfragt, variieren zwar, sind im Grunde aber auf ein paar wenige – es sind im Großen und Ganzen neun verschiedene – zu reduzieren, die immer wiederkehren.

Dazu gehört etwa die physische Gesundheit. Wir sind natürlich keine Ärzte, können aber sehr effizient bei Schlafstörungen helfen oder KlientInnen dabei begleiten, wenn sie Gewichtsprobleme haben und abnehmen wollen. Wir geben da auch keine Ernährungstipps, sondern fokussieren auf die unbewusst ablaufenden Vorgänge, die Essstörungen auslösen. Oft gilt es ja nur, den sogenannten inneren Schweinehund zu überwinden, um zu einem Ergebnis zu kommen. Dann gehört es zu unserem Aufgabenbereich die emotionale Gesundheit zu stärken, indem wir etwa eine Veränderung des inneren Fokus hin zum Positiven bewirken. Natürlich stehen wir ihnen auch bei Problemen in zwischenmenschlichen Beziehungen aller Art zur Seite, also nicht nur bei Liebensbeziehungen – meinem Lieblingsthema –, sondern auch bei interfamiliären Problemen oder solchen am Arbeitsplatz. Wir helfen dabei, Beziehungen aufbauen oder aber auch zu beenden. Und dann geht es natürlich oft auch um Karrierethemen, Finanzen und Zeitmanagement. Viele Menschen heutzutage sind überfordert, weil sie vielen Anforderungen zugleich entsprechen müssen. Als Tony Robbins-Coach versuche ich, mit ihnen eine Tagesstruktur auszuarbeiten, die sie diese Anforderungen auch bewältigen lässt.

Häufig werde ich in Sachen Lebensumfeld zu Rate gezogen. Welche Wohnsituation entspricht mir am besten? Welches Arbeitsumfeld? Ein Thema, das im Zunehmen ist, ist die Spiritualität. Immer mehr Menschen stellen die Sinnfrage. Sie wollen wissen, ob es einen tieferen Sinn hinter allem gibt. Ich persönlich glaube an eine höhere Macht, die uns leitet, beziehungsweise ist es mir lieber daran zu glauben und vielleicht irgendeinmal draufzukommen, dass ich mich geirrt habe, als sie von vornherein auszuschließen. Ich fühle mich beschützt dadurch. Auch glaube ich an die Macht des Gebetes. Wenn wir uns etwas sehr wünschen oder uns vorstellen, wenn wir uns darauf mental fest genug fokussieren, erfüllt sich der Wunsch auch. Davon bin ich fest überzeugt, und das versuche ich meinen KlientInnen auch zu vermitteln. Auf diese Weise habe ich mir auch meinen jetzigen Lebenspartner „herbeigewünscht". Ich habe auf drei Listen festgehalten, wie ich ihn mir vorstelle. Dazu gehört, was ich mir von ihm erwarte und auch was er definitiv nicht sein soll. Auf der dritten Liste stand dann, was ich zu geben bereit war. Natürlich handelte es sich dabei insgesamt um wesentliche Dinge und nicht um Details wie etwa das Aussehen oder das Alter. Dann bin ich in die Dankbarkeit gegangen und habe ihn visualisiert. Ich habe mich so verhalten, als sei er schon da. Drei Monate später war er dann Realität. Auch das ist eine Methode, die ich später von Tony Robbins gelernt habe, instinktiv habe ich das aber schon Jahre zuvor so praktiziert. Man nennt das *das Gesetz der Anziehung*.

Ausüben darf ich diesen Beruf in Österreich, weil ich zum einen ja Lebens- und Sozialberaterin bin und einen diesbezüglichen Gewerbeschein habe, und zum anderen natürlich, weil ich die Ausbildung bei Tony Robbins abgeschlossen habe. Ich erkläre meinen KlientInnen im ersten Gespräch auch immer, dass ich keine Psychotherapeutin, also keine Ärztin für die Seele bin, sondern vielmehr, um ein analoges Bild aus dem Gesundheitsbereich zu bringen, eine Fitnesstrainerin für die Seele. Als Coach gebe ich meinen KlientInnen Raum, um über ihr Leben oder das, was gerade ansteht, zu reflektieren. Ich fokussiere mich völlig auf sie, trete dabei also selbst gänzlich in den Hintergrund – das unterscheidet mich von einem guten Freund, dem man sich anvertraut und der ja auch selbst Bedürfnisse hat –, und begleitet sie dabei, wenn sie eine Herausforderung meistern oder einen Traum wahr werden lassen wollen. Ich begleite sie durch Höhen und Tiefen ihres Lebens und sage ihnen, was mir dabei auffällt, was ich sehe – um sie sehend zu machen. Das ist Coaching und so will ich es verstanden haben.

Es war eine tiefe Lebenskrise, in der ich auf Tony Robbins stieß. Zufall? Ich weiß es nicht. Bestimmung? Wahrscheinlich eher noch. Glück? In jedem Fall. Eine gehörige Portion Glück gehört wohl immer dazu, und mein Glück war es, zur richtigen Zeit den richtigen Menschen zu finden, von dem ich so vieles lernen konnte und der das vertiefte, wozu ich immer schon tendiert hatte. Wie ein roter Faden hat sich meine Beratungsfunktion jedoch von meiner Gymnasialzeit an bis heute durch mein Leben gezogen. „Ich hör', ich hör', was Du nicht hörst …" – das war die Kunst, die ich beherrschte und auf die ich mich von Anfang an verlegt hatte, anfänglich aus einer Not heraus, später aus Berufung, weil ich gut darin war. Aus den feinen Zwischentönen, die sich mir vielleicht mehr eröffnen als anderen, konnte ich ablesen, wo das Problem jeweils im Eigentlichen lag, und gezielt helfen. Helfen, das war es auch, was ich selbst schon im Kindergartenalter wollte. Wenn man mich damals fragte, was ich einmal werden wollte, antwortete ich stets, dass ich Psychologin werden wollte. Natürlich schob man das darauf, dass ja auch mein Vater Psychologe war und meine Mutter Psychotherapeutin. In Wahrheit wollte ich jedoch immer schon, dass Menschen zu mir kamen, sich mir anvertrauten und ich ihnen helfen konnte. Nach einem Gespräch mit mir sollten sie um ein Stück glücklicher sein. Das war immer schon mein Traum gewesen.

Mein Ausbildungsweg war natürlich auch von Rückschlägen geprägt, etwa von dem Faktum, dass es mir aufgrund meiner Blindheit nicht möglich war, in Wien das zu studieren, wovon ich damals angenommen hatte, dass es mich am schnellsten ans Ziel bringen würde: Psychologie. Wenn man jedoch etwas wirklich will, findet man auch einen Weg. Man muss lediglich ein wenig flexibel sein. Ich bin von Natur aus kein Mensch, der schnell „die Flinte ins Korn wirft", wie es so schön heißt. Was ich an der Uni in Wien aufgrund äußerer Gegebenheiten nicht lernen konnte, lernte ich dann vielleicht sogar um einiges fokussierter – und um die Statistik vermindert, was mir sehr entgegenkam – bei Rotraud Perner. Als Radioreporterin sammelte ich dann über Jahre hinweg Erfahrung als Coach in Sachen Liebe. Die Ausbildung bei Tony Robbins schließlich war dann gewissermaßen nur noch eine Konsequenz, die sich aus meinem bisherigen Leben ergeben hatte. Sie war stimmig. Nun kann ich endlich leben, was ich wirklich bin. Ich bin, soweit man das sagen kann, am Ziel angelangt: Ich habe meinen Traumjob und zu allem Überfluss verdiene ich auch noch sehr gut, was mir ein völlig eigenständiges und unabhängiges Leben ermöglicht, und das als Blinde. Es macht mich auch ein wenig stolz, dass ich wohl die einzige Blinde bin, die ein so erfolgreiches Unternehmen führt.

Wie ich das alles schaffe? Ich bin ein sehr fokussierter Mensch und ich habe früh gelernt wichtigen Dingen den Vorrang zu geben. Das Um und Auf im Leben ist es, bewusst Prioritäten zu setzen und ein gutes Zeitmanagement zu haben. Man muss wissen, was man heute erledigen muss, und was bis morgen Zeit hat: „Lerne aus gestern, überlege dir, was jetzt wichtig ist, und was morgen!" – Das ist eine meiner Lebensprämissen und darin habe ich es zu einer gewissen Perfektion gebracht.

Ich denke, es geht im Leben allein darum, das zur Verwirklichung zu bringen, was in einem angelegt ist. Gelingt das, findet man auch einen Weg, es umzusetzen. Meine Jobs kann man zudem alle auf einen gemeinsamen Nenner bringen. Sie alle haben das Coachen als Grundlage, sei es nun beim Radio, im Fernsehen, meine Tätigkeit bei *Hill International* oder bei Tony Robbins. Hilfreich ist natürlich, dass ich die meisten meiner Jobs von zu Hause aus ausführen kann. Ich bin gewissermaßen Herrin über meine Zeit – und das ist Lebensqualität.

Ehrenamtlich bin ich übrigens noch für den oberösterreichischen Blindenverband tätig, schon weil ich sein Engagement für uns Blinde sehr zu schätzen weiß. Ich bin mit dem Obmann gut befreundet, der sich sehr für uns einsetzt, und es ist mir auch selbst ein Anliegen, die Arbeit des Blindenverbandes, der schon so viel für uns erreicht hat, tatkräftig zu unterstützen. Ich erledige dort die Pressearbeit und kann so auch gezielt auf Probleme aufmerksam machen, Ängsten sehender Menschen im Kontakt mit Blinden vorbauen und so weiter …

Eine kleine Ästhetik für Blinde

Schönheit

Das landläufige Konzept von Schönheit ist vornehmlich ein visuelles. Das heißt, dass Schönheit ein Begriff ist, den sehende Menschen für sich in Anspruch nehmen. Die Schönheit der Welt offenbart sich ihnen über das Bild. Die Komposition der Farbe, ja die Farben an sich und die Anordnung der einzelnen Teile zueinander, die ein harmonisches Ganzes ergeben, all das macht für sie Schönheit aus. Ich habe Leonardos *Mona Lisa* noch nie gesehen und ich werde sie auch nie sehen, und auch die Sixtinische Kapelle kenne ich nur aus Erzählungen. Ich weiß nicht, wie es aussieht, wenn die Sonne über einem Berg aufgeht und den Himmel rot färbt. Ich kenne die verschiedenen Blautöne des Meeres nicht, oder die bunten Blumenwiesen auf den Berghängen im Frühling. Von all diesen Dingen habe ich lediglich gehört oder ich habe darüber in der Literatur gelesen.

Ich merke Menschen oft an, dass sie von ihren Wahrnehmungskategorien ausgehen, wenn sie mir die Welt um mich herum oder auch Werke der bildenden Kunst beschreiben. Sie können sich nämlich nicht vorstellen, dass ich zu einer Bildkonzeption gar nicht fähig bin – es nie war und es nie sein werde. In diesem Punkt unterscheiden sich von Geburt an Blinde auch von Späterblindeten, die sehr wohl einen Bildzugang haben. Sie können aus ihrer Erinnerung schöpfen. Ich jedoch mache mir kein Bild von den Dingen. Ich visualisiere sie nicht und ich habe auch keine Vorstellung davon, was eine Perspektive oder der Goldene Schnitt sein soll. Die Schönheit der Welt offenbart sich mir auf eine ganz andere Weise. Sie offenbart sich über die Formen, Proportionen und die stoffliche Beschaffenheit, die ich ertaste, ferner über die verschiedensten Gerüche, für die ich eine feine Nase habe, und natürlich über den Klang und die Harmonie der Töne.

Es gibt Studien, die belegen, dass der Gesamteindruck, den Blinde sich von einem Menschen, einem Ding oder einer Situation machen, annähernd derselbe ist wie bei Nicht-Blinden. Denn all das, was vonseiten der visuellen Wahrnehmung nicht geliefert wird, wird von den anderen Sinnen kompensiert, weil sie wesentlich geschulter sind. Sehende Menschen können, allein was den Gehörsinn angeht, zumeist lediglich ein oder höchstens zwei unterschiedliche Dinge gleichzeitig bewusst wahrnehmen, bei mir sind es wohl drei oder vier. Ich höre sie nicht nur, ich kann sie sogar zuordnen, weil ich darauf trainiert bin. Blinde hören nicht etwa besser – oder das vielleicht auch –, sie können jedoch die Unmenge an Daten – aufgrund dessen, dass sie durch die Eindrücke, die der Sehsinn zusätzlich liefern würde, nicht abgelenkt werden –, besser kategorisieren.

Mit dem Geruchssinn verhält es sich natürlich ganz ähnlich. Blinde bekommen Dinge in aller Deutlichkeit mit, die Nicht-Blinde lediglich am Rande des Ereignishorizontes wahrnehmen, aber nicht bewusst zuordnen können. Im Übrigen verhält es sich auch so, dass das die Ohren – anders als die Augen – auch während des Schlafes Warnsignale aufnehmen.

Um in etwa nachvollziehen zu können, wie sich das anfühlt, rate ich Nicht-Blinden gelegentlich die Augen fest zu schließen und sich auf all sie Dinge zu konzentrieren, die sie rund um sich wahrnehmen. Wenn man einfach nur dasitzt und aufmerksam auf Dinge in seiner unmittelbaren Umgebung hört – einschlafen sollte man dabei natürlich nicht –, wird man merken, wie viel Unterschiedliches man allein über den das Gehör rezipieren kann. Mitunter sind es dann gar nicht nur die Geräusche, die von außen auf uns eindringen, sondern auch unsere innere Stimme, die sich mit einem Mal Gehör verschafft. Eine Grundvoraussetzung für Kreativität ist es sicher, in sich zu gehen und auf diese Stimme zu hören. Sie ist es, die uns mit Ideen beliefert. Es lohnt sich also, sich der Reizüberflutung, die sicher vor allem über visuelle Kanäle erfolgt, für kurze oder auch längere Momente zu entziehen. Ich rate sehenden Menschen immer wieder dazu!

Die Wahrnehmung von Schönheit gelingt nicht nur mittels des Sehsinns, sondern auch über die anderen Sinne. Dass ein Schauspieler gut ist und eine Rolle auf der Bühne ausfüllt,

erkenne ich an der Einzigartigkeit und der Unverwechsel-
barkeit seiner Stimme und seiner Stimmführung. Es macht
für mich also durchaus Sinn eine Theatervorstellung zu besuchen, vor allem wenn ich den Inhalt des Stückes kenne,
der zumeist ja leicht zugänglich ist.

Ich denke, dass meine Tochter sehr hübsch ist. Das sagt
man mir sehr oft. Jenny hat dichtes, langes Haar, eine hüb-
sche Figur und wunderschöne Hände. Das kann ich fühlen. Ich würde meine Kinder auch nie – auch das fragt man
mich oft – mit anderen Kindern verwechseln. Dazu kenne
ich sie viel zu gut, auch wenn ich sie nicht sehen kann.

Oft ist es für mich schwierig zu beurteilen, inwieweit ich
selbst irgendwelchen Schönheitsidealen entspreche. Ich
habe keinen Spiegel und bin deshalb vom Urteil anderer
abhängig. Mein Eindruck ist, dass die Maßstäbe, anhand
derer gemessen wird, nicht immer denselben Richtlinien
entsprechen, und das ist etwas zutiefst Verunsicherndes für
mich. Aufgefallen ist mir das etwa bei dem leidigen Thema Idealgewicht. Was die einen als schön befinden, gefällt
anderen wiederum gar nicht. Es gibt Männer, die bei Frau-
en Modelmaße bevorzugen, und andere, die gerade solche
Frauen als, wie man so schön sagt, gänzlich unattraktive
„Hungerhaken" bezeichnen. Sie finden wiederum kurvigere
Figuren sexy. Für mich als Blinde ist es alles andere als einfach, mir davon ein Bild zu machen. Was ist nun schön?
Welche Körpermaße entsprechen nun annähernd einem

Schönheitsideal, wenn es so etwas überhaupt gibt. Und bin ich zu dick? Ich habe viel Zeit damit zugebracht, im Internet nach Anhaltspunkten zu suchen. So habe ich etwa meinen Body-Mass-Index (BMI) und meinen Körperfettanteil errechnet und ihn mit anderen verglichen, auch meinen Taillen- und Hüftumfang messe ich immer wieder ab. All das sagt mir jedoch recht wenig, weil ich selbst dann, wenn meine Maße annähernd irgendwelchen Richtwerten entsprechen, nicht weiß, ob das wiederum einem Schönheitsideal entspricht, es als schön empfunden wird. Das ist alles in allem auch eine sehr zeitgeistige Angelegenheit. Mal ist dies schön, mal das.

Ich bin diesbezüglich sehr abhängig von der Beurteilung durch meine Familienmitglieder oder meine Partner. „Du bist zu dick!" Diesen Satz habe ich recht oft von meiner Mutter zu hören bekommen und später auch von Gerald, meinem ersten Mann. Gelegentlich weist mich auch Dominik, mein Assistent, darauf hin. Ich bin dann nicht etwa beleidigt oder sogar böse, sondern vielmehr dankbar für die Ehrlichkeit, mit der man mir begegnet. Ich kann mich ja, wie gesagt, nicht selbst in einem Spiegel betrachten. Erst dann, wenn mich jemand, auf dessen Urteil ich mich verlassen kann und der wir wohlgesonnen ist, darauf hinweist, dass ich besser ein wenig abnehmen sollte, kann ich etwas tun. Erst dann kann ich gezielt an meiner Gewichtsreduktion arbeiten. Darin bin ich übrigens schon ziemlich versiert. Nach diversen Diätprogrammen habe ich mich schlussendlich für eine ausgewogene Ernährung entschieden, die gelegentlich auch eine kleine Sünde inkludiert. Ohne die macht das Leben keinen Spaß, aber man muss ja nicht gleich einen ganzen Becher Eis mit Schlagobers und Schokosauce essen, zumeist reicht auch eine Tüte mit einer Kugel. Das Geschmackserlebnis ist immerhin dasselbe. Den Entschluss gar kein Eis mehr zu essen, finde ich jedoch kontraproduktiv, weil ich ihn ohnehin nicht durchhalten würde.

Oft weiß ich auch nicht, ob meine Bewegungsabläufe immer von Vorteil sind. Ich fürchte manchmal unbeholfen oder ungelenk zu wirken. Mir fehlt einfach jegliche Vergleichsmöglichkeit mit anderen Frauen. Ich sehe sie ja nicht. Ich weiß nicht, was Schönheit, was Anmut oder graziles Auftreten bedeuten sollen. Aus diesem Grund kann ich übrigens auch nicht sagen, wie ich selbst gerne aussehen würde wollen.

Was meine lackierten Fingernägel und meine Frisur angeht, bin ich relativ unabhängig im Urteil von anderen. Ich weiß, dass es Menschen gibt, denen das nicht gefällt. Für mich jedoch fühlt es sich so gut an, dass ich darauf bestehe. Zugleich ist meine Frisur auch sehr praktisch, weil sie – abgesehen vom ersten Mal vielleicht, wen man sie sich machen lässt – mit keinem großen Aufwand verbunden ist.

Bis zu einem gewissen Grad kann ich die auditiven Konzepte wie etwa das Konzept der Harmonie, das mir aus Musikstücken bekannt ist, auf das übertragen, was mir die Menschen von sinnfälliger Schönheit erzählen. Harmonie geht über Disharmonie, Ordnung über Chaos … Das ist jedoch lediglich ein intellektueller Vorgang, der auf Analogien basiert. In Wahrheit erlebe ich die Welt in Szenarien, deren Teil ich war und die ich mit all meinen anderen Sinnen erfahren habe. Als solche prägen sie sich in meine Erinnerung ein. Als solche träume ich sie auch. Meine Träume sind genauso wenig bildhaft wie meine Weltwahrnehmung im Wachzustand. Ich träume nicht in Farben, Bildern oder Bildsequenzen, sondern ich träume Szenarien und Geschichten, die sich mir über Tasten, Riechen und Schmecken erschließen. Von Späterblindeten weiß ich übrigens, dass sie sehr wohl dazu befähigt sind, in ihren Träumen zu visualisieren. Die in ihrem Unbewussten verankerten Bilder aus einer früheren Zeit steigen in ihren Träumen hoch. Bei mir ist das definitiv nicht der Fall.

Visuelle Schönheit nicht rezipieren zu können ist nicht etwas, das mir als Manko bewusst wäre, weil ich damit letztendlich nichts verbinde. Dieser Sinn ist in mir einfach nicht angelegt und deshalb vermisse ich ihn auch nicht. Möglicherweise entgeht mir so ja auch einiges, das kann ich jedoch nicht beurteilen. Für mich persönlich bringt es auch große Vorteile mit sich.

Das fängt schon damit dann, dass ich ja auch das Gegenteil von visueller Schönheit, nämlich Hässlichkeit nicht wahrnehmen kann. Das macht sich schon bei ganz kleinen Dingen bemerkbar. Sitzt etwa irgendwo eine Spinne an der Wand, von der mir meine Kinder sagen, dass sie besonders hässlich sei, ist es für mich kein Problem, sie mit einem Taschentuch in der Hand zu entfernen, vorausgesetzt, sie entwischt mir nicht. Ich fürchte mich nicht vor ihr, weil ich ihre angebliche Hässlichkeit ja nicht sehe. Was ich hingegen weniger mag, sind surrende Insekten. Vor ihnen habe ich regelrecht Angst. Ferner gibt es für mich auch das Problem der Reizüberflutung vonseiten diverser Werbeplakate nicht, mit denen die Straßen ja angeblich heutzutage vollgepflastert sind. Und grantige Gesichter in der U-Bahn oder wo auch immer tangieren mich auch nicht. Wie auch! Im Grunde kann ich mir die Welt also imaginieren – so sagt man doch –, wie es mir gefällt.

Einen entscheidenden Vorteil, den ich sehenden Menschen gegenüber habe, ist, dass es für mich naturgemäß leichter ist, eine Wohnung zu finden, da die meisten Kriterien, die diese als wichtig erachten, für mich völlig nebensächlich sind. Ob eine Wohnung etwa hohe Räume hat, einen Fischparkettboden und Stuck an den Decken ist mir vollkommen egal. Auch, ob die Aussicht schön ist oder nicht, spielt für mich keine Rolle. Ich lege Wert auf ganz andere Dinge. Die Wohnung, die ich mir aussuche, muss verkehrsgünstig liegen. Der Bahnhof sollte in der Nähe sein und womöglich auch andere öffentliche Verkehrsmittel. Ich bin nicht einmal auf eine Ruhelage erpicht, weil ich mir die Geräusche der Stadt um mich herum ein Gefühl von Geborgenheit vermitteln. Sie sind es ja schließlich, an denen ich mich orientiere. Was ich als einziges wirklich dringend brauche, ist ein Grünstreifen vor dem Haus für meinen Hund, damit er morgens sein Geschäft erledigen kann.

Bei der Einrichtung verhält es sich ähnlich einfach. Ob Möbel historisch wertvoll sind oder einem bestimmten Stil angehören oder zumindest daran erinnern, ist für mich nicht ausschlaggebend. Ich suche sie nach ihrer Praktikabilität aus und danach, ob sie sich gut für mich anfühlen. Stoffe und ihre Beschaffenheit sind wichtig für mich. Ich möchte die Einrichtungsgegenstände, die ich besitze, gerne angreifen. Das vermittelt mir ein angenehmes Gefühl, ein Gefühl von zu Hause. Ich habe früher – auch das werde ich immer wieder gefragt –, auch oft selbst geputzt. Heute delegiere ich das, weil ich einfach keine Zeit mehr dafür habe. Ich habe andere Prioritäten. Ich denke jedoch, dass ich beim Putzen oft genauer war als meine Haushaltshilfen, die mir das später abgenommen haben, weil ich den Staub ja spüre. Finger spüren oft mehr als Augen sehen können. Zu allem Überfluss brauche ich keine Glühbirnen – wozu auch –, und das ist eine riesige Stromersparnis Monat für Monat! Abschließend möchte ich da noch hinzufügen, dass ich, was meine Wohnsituation angeht, lieber – wenn ich es mir aussuchen müsste – mit Menschen, die ich liebe, in einem Zelt wohne, als alleine in einer Villa. Für mich liegt die

Schönheit der Welt im Kontakt mit ihren BewohnerInnen, den Menschen, mit denen ich in Interaktion treten kann, als Partnerin, Mutter, Freundin oder Coach.

Auf Reisen

Ich reise übrigens auch sehr gerne. Gerade in diesem Jahr bin ich besonders viel unterwegs, beruflich wie auch privat. Da sind zum einen die Seminare von Tony Robbins, an denen ich regelmäßig teilnehme. Eines war vor gar nicht allzu langer Zeit in London, das nächste findet in Rotterdam statt, und dann werde ich heuer im November noch eines in Florida besuchen. Dorthin begleitet mich stets Mike, mein jetziger Partner. Auf einer Podcaster-Konferenz in Düsseldorf war ich heuer auch schon. Ich muss mich ja auch als Journalistin stets auf dem Laufenden halten und Podcasts werden inzwischen von sämtlichen großen Tageszeitungen angeboten. Das ist ein Format, das mir sehr entspricht, weil es über auditive Kanäle funktioniert. Themen werden hier als Hörbeitrag aufbereitet und via Internet ausgestrahlt.

Zum anderen mache ich auch sehr gerne Urlaub. Im Juli waren wir gemeinsam mit den Kindern ein paar Tage in Slowenien am Meer, im August habe ich meinen Kindern Blackpool gezeigt. Das ist eine Stadt, die ich besonders gerne mag. Dorthin hat uns Mike, mein Partner, begleitet.

Über den Jahreswechsel ist eine romantische Reise nur für Mike und mich geplant. Wir werden ein paar Tage zu zweit in Fuerteventura verbringen.

Oft werde ich gefragt nach welchen Kriterien ich Reiseziele aussuche. Die Schönheit eines Ortes erschließt sich, kurz gesagt, ja nicht nur dem Sehsinn. Orte haben schließlich auch eine Atmosphäre, und die nehme ich sehr wohl wahr. Eine Großstadt fühlt sich, um es drastisch auszudrücken, einfach anders an als ein Fischerdorf am Meer. Ferner hat auch jede Großstadt eine ganz eigene Ausstrahlung. Ich würde Rom nie mit London verwechseln, auch wenn ich keine der beiden Städte je gesehen habe. Das Klima ist schon einmal ein anderes, und auch die Klanghüllen, die mich dort jeweils umgeben, unterscheiden sich voneinander. Sehr spezifisch sind jeweils die Gerüche eines Landstriches. Das hat ihre Ursachen in der unterschiedlichen Vegetation und den geografischen Gegebenheiten. Überall wächst etwas anderes, verschiedene Gewürze etwa. Der Gewürzbasar von Istanbul ist für blinde Menschen mit Sicherheit eine Explosion von Sinneseindrücken, die ihresgleichen sucht. Ich denke, ich kann Länder und Städte an ihren unterschiedlichen Gerüchen erkennen. Und dann sind da natürlich die landesspezifischen Küchen. Ich esse ja für mein Leben gerne und ich freue mich, wenn ich im Urlaub Gerichte vorgesetzt bekomme, die ich zu Hause nicht so leicht kriegen, geschweige denn nachkochen kann.

Dann liebe ich das Meer und lange Sandstrände. Es ist ein wunderbares Gefühl, wenn mir der Wind durchs Haar bläst und ich den warmen Sand zwischen meinen Zehen und die südliche Sonne auf meiner Haut spüre.

Ich verbinde Orte mit den Geschmackserlebnissen dort und mit den spezifischen Gerüchen und Düften, die jeweils andere sind. Den salzigen Geruch des Meeres etwa mag ich besonders gerne, oder den von Märkten, auf denen Fische oder Produkte aus der Region angeboten werden. Relativ egal ist mir begreiflicherweise, ob unser Hotelzimmer ästhetischen Anforderungen entspricht, solange es den Komfort bietet, den ich mir wünschen. Ob mein Zimmer, kurz gesagt, Meerblick hat oder nicht, spielt für mich keine Rolle. Auch das ist ein enormer Vorteil, den ich sehenden Menschen gegenüber habe. Ich bekomme leichter ein Zimmer, weil ich andere Ansprüche habe als Nicht-Blinde. Nicht zu vernachlässigen ist natürlich auch der Sonderstatus, den man als Blinde auf Reisen hat. Man muss sich bei sämtlichen Sicherheitskontrollen auf den Flughäfen nicht anstellen, sondern wird gesondert behandelt. Während alle anderen noch in endlosen Schlangen warten, sitze ich zumeist schon im Flugzeug. Bei der Bahn bezahlt man als Blinde nur den halben Preis – bei meiner Reisetätigkeit fällt das durchaus ins Gewicht.

Blindheit als Erfolgsschlüssel

„Wenn ich noch einmal geboren werde, würde ich mir wünschen, wieder blind auf die Welt zu kommen!" Dieser Satz von mir ist bekannt und hat immer wieder Aufsehen erregt. Es gibt ein wunderbares Theaterstück von Brian Friel (1929–2015), einem irischen Dramatiker, das, basierend auf realen Gegebenheiten, das Schicksal einer Frau, *Molly Sweeney*, erzählt, die wie ich blind ist. Als Mutter zweier Kinder führt sie ein erfülltes und weitgehend unabhängiges Leben. Sie hat sich eine Welt erschaffen, in der sie geborgen und glücklich ist. Auf Drängen ihres Mannes und auf Anraten ihres Augenarztes hin lässt sie sich jedoch operieren. Die Operation gelingt zwar, sie selbst jedoch verliert alles, was sie bisher ausgemacht hat und wird wahnsinnig. Die Flut an neuen Eindrücken überfordert sie.

Was mich angeht, möchte ich vorausschicken, dass jener Satz sich auf mein Schicksal bezieht und auf sonst niemanden. Ich spreche nicht für alle Blinden, das würde ich mir nie anmaßen, ich spreche lediglich für mich. Wenn ich jedoch ein Resümee aus meinem bisherigen Leben ziehe, muss ich feststellen, dass der Erfolg, den ich habe, gerade in meiner Blindheit begründet ist. Sie allein ist der Schlüssel zu meinem Erfolg, und ich getraue mich zu sagen, dass mein Leben, wäre es anders gewesen und ich sehend auf die

Welt gekommen wäre, nicht so stringent verlaufen wäre. Mit Sicherheit wäre ich nicht das, was ich jetzt in beinahe all meinen Funktionen bin: ein Coach mit Leib und Seele, sei es nun für meine Familie, meine Freunde oder für die Vielzahl an KlientInnen, die ich via Radio oder übers Telefon betreue.

Aus dem Manko heraus nicht sehen zu können, habe ich notgedrungen andere Kräfte in mir mobilisieren müssen, von denen nun nicht nur ich, sondern auch die Menschen, die mit mir in Kontakt treten, profitieren.

Ich bin Mutter zweier Kinder, habe einen wunderbaren Partner und ich bin, das darf ich behaupten beziehungsweise sprechen die Tatsachen für sich, eine sehr erfolgreiche Unternehmerin – und ja: Ich bin blind!

Es ist mir ein großes Anliegen, mit diesem Buch Mut zu machen – und zwar nicht nur blinden Menschen. Ich möchte all meinen LeserInnen Mut machen, ihren eigenen Weg zu gehen, wenn er auch manchmal als schwierig erscheint. Darin liegt zum einen unsere Aufgabe, und zum anderen liegt darin das Geheimnis eines geglückten Lebens begründet!

Nachwort von Othmar Hill

Konstanze war immer ein bemerkenswertes Kind, von Anfang an. Dass sie blind war, haben meine Frau und ich recht
bald vermutet, als wir es dann jedoch Schwarz auf Weiß
hatten, war das vorerst dennoch ein großer Schock für uns.
Es war uns klar, dass das eine Diagnose war, die unser Leben bis auf Weiteres verändern würden. Manche Dinge sind
heilbar, andere eben nicht, und damit muss man dann zu
leben lernen.

Ich fasste mich als Erster von uns beiden wieder ein wenig. Constanze war abgesehen von ihrer Sehbehinderung
ein gesundes und entzückendes kleines Mädchen, und das
war es, was ich meiner Frau vermittelte, die anfangs sehr
verzweifelt war. Würden wir sie mehr lieben, wenn sie sehen
könnte? Mit Sicherheit nicht. Sie würde womöglich unserer
gezielten Förderung mehr bedürfen als andere Kinder, aber
dazu waren wir als Eltern ja auch da.

Wir fassten bald den Entschluss Constanze unter so normalen Bedingungen wie möglich aufwachsen zu lassen, um
sie, wie meine Frau das formulierte, „nicht blinder zu machen, als sie ohnehin schon war". Wir wollten mit einem
Wort nicht, dass sie hospitalisiert wurde unter anderen Blinden und an Sehende gar nicht mehr herankam. Deshalb besuchte Constanze auch einen normalen Kindergarten und

nach der Volksschule im Blindeninstitut – dort musste sie natürlich hin, um all das zu erlernen, was Blinde können müssen – ein normales Gymnasium. Es war nicht leicht ein solches zu finden. Nach langer Suche und mehreren Absagen erklärte sich der Direktor des *GRG Stubenbastei* dazu bereit sie als das erste blinde Kind in einem Wiener Gymnasium aufzunehmen. Unsere Tochter schaffte das trotz aller Schwierigkeiten, die sich ihr immer wieder in den Weg stellten – so bekam sie die Bücher immer erst Monate zu spät, weil sie zuerst in Brailleschrift übersetzt werden mussten – mit Bravour. Lediglich in Mathematik drückten die Lehrer gelegentlich das eine oder andere Auge zu. Das fiel ihr schwer.

Die Grundhaltung, die ich als Vater ihr von Anfang an zu vermitteln versuchte, war dahingehend, dass ich keine Verantwortung für das Faktum ihrer Blindheit übernahm, mich also auch nicht in eine Position des Mitleids begab und sie allzu sehr verzärtelte. Meine Rolle war die eines Vaters einer blinden Tochter, aber nichts darüber hinaus. Schließlich wollte ich durch übergroße Fürsorge ja auch keine Angstneurosen in ihr züchten.

Bei aller notwendigen Förderung und Unterstützung trauten wir ihr auch viel zu, und das bewähret sich à la longue. Insgesamt erwies sich unser Entschluss, sie so früh wie möglich mit dem normalen Leben zu konfrontieren und sie, so gut es eben ging, unter sehenden Kindern und Jugendlichen aufwachsen zu lassen, als goldrichtig.

So zog Constanze etwa, kaum war sie 18 Jahre alt, von zu Hause aus. Sie hatte uns nicht lange um unsere Meinung gefragt, sondern uns vielmehr vor vollendete Tatsachen gestellt. Die Wohnung und was sonst noch dazugehörte, hatte sie sich zu diesem Zeitpunkt schon organisiert. Ihre Mutter ließ sie noch wissen, dass sie sie sehr wohl besuchen kommen könne, jedoch, das bat sie sich aus, nicht all zu oft. Ab diesem Zeitpunkt benötigte sie auch keine finanzielle Unterstützung mehr von uns. Sie hatte nämlich neben ihren diversen Ausbildungen auch zu arbeiten begonnen, um sich erhalten zu können.

Constanze musste sich stets bewähren und hat enorm davon profitiert. Sehr bald schon hat sich ihr Talent zum Coachen gezeigt. Soweit ich mich erinnern kann, war ihr erster Fall neben den Schülern, die sie so nebenbei beriet, ein Lehrer, der sadomasochistisch veranlagt war. Er vertraute sich Constanze via Telefon an, obwohl sie damals erst siebzehn Jahre alt war, und fragte sie immer wieder um Rat. Constanze erzählte mir damals, wie sie mit der Beratungssituation umging, und ich war – als ausgebildeter Psychologe – beeindruckt von ihrem Können und der Souveränität, mit der sie mit der Situation umging. Von Überforderung ihrerseits war da keine Spur.

Schon damals zeichnete sich also ab, dass sie geradezu prädestiniert dazu war, dass sich Menschen mit ihren Sorgen an sie wandten. Darin lag eindeutig ihre Stärke. Dass sie blind war, war gewissermaßen die Voraussetzung dafür, denn einerseits konnte sie zuhören – besser als andere –, und andererseits irritierte sie die jeweils um Rat Suchenden nicht durch fragende oder stechende Blicke. In einer Beratungssituation ist es von eminenter Wichtigkeit, dass der Patient keinen direkten Blickkontakt zu seinem Therapeuten hat, weil das sehr verunsichernd wirken kann. Deshalb positionierte Sigmund Freud seinen Stuhl ja auch jeweils so, dass er den Patienten auf der Couch nicht direkt in die Augen sah. Bei Constanze waren diese Gegebenheiten von Natur aus da.

Nach all den bisherigen Erfahrungen, die wir mit Constanze gemacht hatten, war es keine große Überraschung für uns, dass sie nach bestandener Matura Psychologie studieren wollte. Leider scheiterte sie dort an den Gegebenheiten. Blindengerechte Studienplätze gab es damals noch nicht, und mit der Statistik verhält es sich ähnlich wie mit der Mathematik – sie ist für Blinde de facto nicht zu bewältigen. Mit der ihr eigenen Konsequenz und Willensstärke fand sie andere Wege für sich um ans Ziel zu gelangen. Heute arbeitet sie unter anderem als Tony Robbins-Coach. Die Methode, die sie sich als die ihre erwählt hat, zeugt ebenfalls von ihrer großen Eigenständigkeit – dieses Mal nicht in praktischen Dingen, sondern im Denken –, weil sie ja im Großen und Ganzen eine Absage an unser humanistisches Psychologiekonzept ist. Constanze kennt und beherrschte beide Zugangsweisen und hat sich bewusst und reflektiert für beide entschieden, was ich im Grund auch als eine Emanzipation von mir werte – und das schätze ich sehr an ihr. Constanze geht ihren eigenen Weg, und das mit Erfolg.

Ich kenne kaum einen Menschen, der Constanze an Willensstärke und Durchsetzungsvermögen gleichkommt. Sie ist proaktiv und zugleich äußerst pragmatisch. Es gibt nichts, das ich ihr nicht zutraue, hat sie es sich einmal in den Kopf gesetzt. Trotz ihrer Durchsetzungskraft, die sie wohl von mir geerbt hat, ist sie auch ein sehr empathischer Mensch, und diese Kombination ist eher selten. Sie zeichnet sie aus. Es ist Constanze ein Anliegen, dass es den Menschen, die mit ihr in Kontakt treten, gut geht. Das gelingt ihr zumeist auch.

Vormachen kann man ihr wenig bis gar nichts. Dazu hat sie ein zu offenes Ohr für die Zwischentöne, das sie noch dazu in all den Jahren als Talkshowmoderatorin im Radio und auch im Fernsehen geschult hat. Es gelingt ihr, anhand der Stimme und anhand der Art und Weise, wie jemand spricht, ein ziemlich treffendes Charakterbild von ihrem Gegenüber und seiner momentanen Situation zu entwerfen. Manchmal, hat sie mir zumindest erzählt, spricht sie Menschen auf Zugfahrten an, wenn sie sich langweilt, und sagt ihnen auf den Kopf zu, dass sie gewissermaßen wie in einem offenen Buch in ihnen lesen und ihren Charakter analysieren könne. Das erregt natürlich Aufsehen. Ihre Show lebt davon, seit mehr als zwanzig Jahren. Bei einer sehr lustigen Episode im Radio war ich einmal sogar dabei. Ein junger Mann rief an. Er stellte sich als Jacomo aus Saragossa vor und sagte, dass er gerne eine Frau kennenlernen wolle. Constanze darauf hin: „Mach mir doch nichts vor, du bist der Hans aus Bad Ischl. Glaubst du, ich erkenne deine Stimme nicht?"

Es ist für mich als ihr Vater eine große Freude, dass sich Constanze neben all den Jobs, die sie hat, auch für meine Firma, *Hill International*, interessiert. Dieses Interesse verbindet uns. Gemeinsam schmieden wir nun Pläne für die Zukunft der Firma, in die ich sie nun nach und nach einführe. Sie ist inzwischen bei sämtlichen Meetings dabei und kennt so auch alle unsere Franchise-Partner. Durch ihre Spezialisierung auf die Tony Robbins-Methode bringt sie mit Sicherheit viel Neues, nicht zuletzt neue Denkanstöße mit ein. Sie ist dabei, eine eigene Linie innerhalb meiner Firma aufzubauen, indem sie das bewährte Alte mit dem Neuen verbindet, das eine um das andere bereichert. Wenn jemand auf die existenzialpsychologische Frage, die uns alle irgendwann trifft und die sich darum dreht, wie man seinen Platz in der Welt findet, eine Antwort sucht, ist er bei Constanze an der richtigen Adresse. Über kurz oder lang werde ich ihr *Hill International* überschreiben und ich bin ganz sicher, dass sie meine Position dort zu meiner größten Zufriedenheit ausfüllen wird – übrigens nicht nur aufgrund ihres Pragmatismus, sondern auch aufgrund ihrer Sehbehinderung. Letztere bringt ja auf gewisse Weise auch eine

Art Betrugsschutz mit sich. Wenige und dann nur äußerst brutale Menschen verhalten sich behinderten Menschen gegenüber kriminell.

Es war für mich stets eine Freude Constanzes Werdegang zu verfolgen. Sie hat mir aufgrund ihres positiven und authentischen Wesens nie Anlass zur Sorge gegeben. Sie hat ihren Platz in der Welt gefunden und füllt ihn auch aus – und das trotz oder sogar wegen ihrer Sehbehinderung.

Constanze ist meine einzige Tochter. Ich habe also keinen leiblichen Sohn, der meinen Namen weiterträgt. Ihr verdanke ich es, dass meine Enkelkinder, Tristan und Jenny, so heißen wie ich, weil Constanzes ihren Namen trotz ihrer Ehen nie abgelegt hat. Der Name Hill lebt so in den nächsten Generationen weiter – und das macht mich sehr stolz und glücklich.

Im Alter von dreizehn Jahren hat Constanze übrigens ihr erstes Buch geschrieben. Fünf Wochen hat sie dazu benötigt. Es handelt sich dabei um eine entzückende und ausgezeichnet getextete Geschichte von einem Afroamerikaner, der mit 18 Jahren nach Wien kommt, um in einem Gemeindebau nach seinem Vater zu suchen. Die Themen Integration und Interkulturalität – von Constanze in mitreißender Form erzählt –, sind heute so aktuell wie selten zuvor. Meiner Tochter waren sie damals schon ein Anliegen. Dass sie einen Afroamerikaner zum Protagonisten ihres Buches gemacht hat, begründete sie im Übrigen damit, dass diese für sie die interessanteren Stimmen hätten und viel melodischer als Europäer sprechen würden. Sehen konnte sie sie ja nicht. Wir fanden schließlich auch einen Verlag dafür – so kam Constanze zu ihrer ersten von vielen Veröffentlichungen, damals noch als Teenager.

Ratgeber bei Ueberreuter

www.ueberreuter-sachbuch.at

Georg Fraberger & Roland Raske
ICH VERSTEHE DICH
Endlich Klarheit in der
Kommunikation

Othmar Hill
MEIN KOMPASS FÜR
STÜRMISCHE ZEITEN
In Beruf und Privatleben

Wenn Menschen miteinander in Kontakt treten, entsteht eine Verbindung zwischen ihnen, wie eine Leine. Der Psychologe Georg Fraberger und der Hundecoach Roland Raske zeigen Möglichkeiten der Kommunikation auf, die uns davor bewahren, zu Marionetten von Missverständnissen zu werden. Erst wenn die seelischen Bedürfnisse durch Akzeptanz und Einfühlsamkeit gedeckt sind, kann man von gelungener Kommunikation sprechen.

Meistern Sie Ihr Leben trotz aller Turbulenzen souveräner und entspannter! Othmar Hill, bekannter Wirtschaftspsychologe und Management-Berater, stellt in diesem Buch den reichen Erfahrungsschatz seiner langjährigen Tätigkeit zur Verfügung. Sein Ziel ist es, Menschen mit unmittelbar umsetzbaren Konzepten und Werkzeugen dabei zu unterstützen, ihr Leben in die Hand zu nehmen und ihre Zukunft erfolgreich zu gestalten.

176 Seiten
Hardcover mit Schutzumschlag
978-3-8000-7662-8, € 19,99
Auch als e-book erhältlich

192 Seiten
Hardcover
978-3-8000-7696-3, € 19,95
Auch als e-book erhältlich